Heimatkunde

Alles über Hamburg

Text: Heiko Kreft
Grafik: Luis F. Masallera

HINSTORFF

Inhalt

Ohnsorg
Missingsch

Alster

Über 56 Kilometer schlängelt sich das Flüsschen Alster durch Schleswig-Holstein, bevor es sich mit der Hamburger Binnenalster selbst einen krönenden Höhepunkt setzt.

1 Zu Hamburg gehörten einst mehr als nur die Außen- und die Binnenalster.

Ursprünglich war der Fluss nahezu vollständig im Besitz der Holsteiner Grafen. Bis zu jenem schönen Tag im Jahr 1306, an dem der ständig klamme Adolf V. (1252–1308) ein Angebot bekam, das er nicht ablehnen wollte. Die Hamburger boten ihm doch tatsächlich 225 Mark für einen Viertel des Flusslaufes. Sogar eine Rückkaufoption versprachen sie ihm. Erfreut stimmte Adolf zu. Das gleiche Spiel wiederholte sich drei Jahre später. Da kauften die Hamburger ein weiteres Viertel, zahlten allerdings nur noch 200 Mark. Die restliche Alster-Hälfte wechselte schließlich 1310 unter Adolf VI. (1256–1315) den Besitzer. Diesmal ohne Rabatt. Hamburg gehörte nun der ganze Fluss. Gesamtkosten: schlappe 1.025 Mark. Rückgabe ausgeschlossen. Ein echtes Schnäppchen, das wichtige wirtschaftliche Privilegien sicherte und über das sich die Holsteiner noch 620 Jahre später ärgerten. 1930 verfassten sie ein Gutachten, um die Alster zurückzubekommen. Ein aussichtsloses Unterfangen. Die juristische Abhandlung verschwand im Tresor und kam erst 1952 an die Öffentlichkeit.

2 Schlittern und Glühwein trinken auf der Alster ist ein eher seltener Spaß.

Sobald im Winter die Frostperiode einsetzt, bibbern viele Hamburger. Nicht unbedingt wegen der Kälte, sondern vor Aufregung. Das große Sehnsuchtsziel lautet: ein paar schicke Tage „Alstereisvergnügen". Doch fast immer macht das Wetter einen dicken Strich durch die schöne Rechnung. Das populäre Volksfest ist (und bleibt) eben eine echte Seltenheit. In den letzten 40 Jahren gab es nur sechsmal die Gelegenheit zum winterlichen Budenzauber. Zuletzt im Februar 2012. Wenn es ausnahmsweise einmal dazu kommt, lassen es die Hamburger dafür umso mehr krachen. Bis zu 500.000 Besucher stürmen aufs Eis und die 150 Verkaufsstände. Damit nichts Schlimmes passiert, besteht die Umweltbehörde auf hohen Sicherheitsstandards. Erst wenn an 50 Stellen der Alster das Kerneis mindestens 20 Zentimeter dick ist, dürfen Buden rauf. Nur Gulaschkanonen bleiben generell verboten. Auch außerhalb Hamburgs hat das Volksfest viele Fans. 1991 kam sogar eine Gruppe Finnen angereist, um auf der zugefrorenen Alster eine zünftige Partie Golf zu spielen.

3 Um Hamburg im Zweiten Weltkrieg zu schützen, wurde die Alster zugebaut.

Ganz unclever war der Plan eigentlich nicht, den sich Hamburger Behörden im Zweiten Weltkrieg ausdachten: Als nach deutschen Luftangriffen auf London und andere britische Städte Vergeltungsmaßnahmen drohten, verfiel man auf die Idee, feindliche Bomberpiloten mit einer List zu verwirren. 1941 wurde daher auf der Binnenalster ein riesiges schwimmendes Holzmodell der Innenstadt gebaut. Aus jeder Menge Sperrholz und Farbe entstanden falsche Straßen, Häuser und Kanäle. Kern der Anlage war eine zweite falsche Lombardsbrücke. Die Hoffnung: Aus der Luft können die Piloten echte und falsche Brücke nicht unterscheiden. Die Chance, dass das Original verschont bliebe, stand 50:50. Doch der Plan eines potemkinschen Hamburger Dorfes ging nicht auf. Aus einem einfachen Grund: Bevor Bomber Richtung Hamburg flogen, berichteten englische Tageszeitungen groß und breit über die Tarnaktion. Der Schutzeffekt des mühsam fabrizierten Modells war daher gleich null.

4 Deutschlands erste Badeanstalt stand auf der Binnenalster.

Richtig gelesen! *Auf* der Binnenalster, nicht *an* der Binnenalster. Des Rätsels Lösung: Die Badeanstalt war ein Badeschiff. Zusammengezimmert wurde das Holzboot 1792/93 im Auftrag der „Patriotischen Gesellschaft". Mit seinen zwölf getrennten Badekammern ermöglichte es fortan ein sittlich und moralisch einwandfreies Baden in der Alster – zunächst nur Männern. Schnell entwickelte sich das in Form eines prachtvollen Pavillons gehaltene Floß zu einem absoluten Muss für Hamburgs High-Society. Es lag vor dem Jungfernstieg und war nur per Ruderboot zu erreichen. Bereits im ersten Jahr wurden 3.960 Eintrittskarten verkauft. Lange hielt der Bau allerdings nicht. Schon im Jahr 1800 war er so kaputt, dass ein neuer her musste. Der hielt leider auch nicht viel länger, so dass 1808 eine öffentliche Aktiengesellschaft ins Leben gerufen wurde, die innerhalb von zwei Jahren ein größeres und repräsentativeres Badeschiff bauen ließ. Nun durften – natürlich sorgsam nach Geschlechtern getrennt – auch Damen in die Alster hüpfen. In einer angeschlossenen Schwimmlehranstalt konnte Schwimmen trainiert werden. Zeitgenossen rühmten beide als eine „Zierde des Alster-Bassins". Gänzlich unumstritten war das Badeschiff allerdings nicht. Mediziner und Chemiker diskutierten heftig darüber, ob die Badenden die Hamburger Trinkwasserversorgung gefährdeten. Da man Trinkwasser direkt aus der Alster entnahm, fürchtete man den Schmutz der Badegäste. Feuer erhielt der Streit durch die Behauptung einiger Hamburger Amtsfischer. Sie mokierten sich darüber, dass durch die Einrichtung Fische aussterben würden. Zum Verhängnis wurde dem Schiff allerdings nicht dieser Vorwurf, sondern ein Sturm, der es 1845 fast zum Sinken brachte. Nun verlegte man es an die Außenalster. 2008 kämpfte der damalige Bürgermeister Ole von Beust dafür, wieder ein Badeschiff auf die Alster zu bringen – ging mit der Idee jedoch spektakulär baden.

5 **Die Alster-Dampfschifffahrt hatte ein paar Anlaufprobleme.**

Fast fünf Jahre dauerte es, bis aus einer tollen Idee Realität wurde und der erste Dampfer zur Jungfernfahrt ablegte. Die Idee zum motorisierten Schippern über die Alster hatte der Versicherungsagent Gustav Adolph Droege. 1854 beantragte er beim Rat der Stadt eine Erlaubnis zum Betreiben einer Schiffslinie zwischen dem Jungfernstieg und Eppendorf. Mit damals hochmodernen Dampfschiffen wollte er schnelle Verkehrsverbindungen in der wachsenden Großstadt schaffen. Unter Besitzern von Ruderfähren erhob sich daraufhin ein Sturm der Entrüstung, den der Senat tapfer ignorierte. Nach „nur" eineinhalb Jahren Prüfzeit gab er Droeges Plan seinen Segen. Ein Schiff war schnell besorgt. Droege kaufte einen gebrauchten Raddampfer, der bis dahin seinen Dienst auf dem Rhein versehen hatte. Über die Nordsee ließ er ihn nach Hamburg bringen. Dort kam er kaputt an. Die Mannschaft hatte sich dumm angestellt und den Dampfkessel mit Meereswasser gefüllt. Das Salz zerfraß ihn – ganz ohne Hexerei – in Windeseile. Und da bekanntlich ein Unglück nur selten allein kommt, schlug der Dampfer im Januar 1857 leck und sank auf den Grund der Elbe – ohne jemals einen Meter über die Alster gefahren zu sein. Droege ließ sich davon nicht entmutigen. In Koblenz besorgte er sich ein Ersatzschiff, das diesmal sogar unversehrt im Norden ankam. Dafür gab es nun Ärger mit den Behörden. Bei der polizeilichen Abnahme stellte sich heraus, dass das Dampfboot „Helene" ein klitzekleines bisschen zu groß war. Droeges Erlaubnis galt für ein Boot mit zirka 6 Passagieren, sein Dampfer hatte aber Platz für 230. Der Unternehmer verlor seine Lizenz und verkaufte die „Helene" an eine russische Wolga-Reederei. Unterdessen begann am 15. Juni 1859 eine andere Firma mit der regelmäßigen Alster-Dampfschifffahrt.

Auswanderer

Der anhaltende Erfolg von TV-Reality-Soaps wie „Goodbye Deutschland!" zeigt: Das alte Thema hat offensichtlich immer noch einen ganz besonderen Reiz.

1 Hamburg ist nicht nur „Tor zur Welt", sondern auch zu einem neuen Leben.

Über Hamburgs Hafen verließen innerhalb von 150 Jahren rund 5 Millionen Menschen ihre alte Heimat. In Boomzeiten waren es jährlich bis zu 300.000. Ein Großteil von ihnen ging in die USA, aber auch Australien, Ozeanien, Afrika und Südamerika waren Zielgebiete. Für Hamburg und seine Reedereien entwickelte sich die Angelegenheit ab Mitte des 19. Jahrhunderts zu einem bombastischen Geschäft, das schrittweise ausgebaut wurde. Während man zu Beginn Auswanderer nur bis England chauffierte, wo sie in größere Ozeandampfer umstiegen, ging es bald per Direktverbindung in die Neue Welt. Die Idee vom Neuanfang am anderen Ende der Welt fasziniert Hamburger auch heute. Etwa 30.000 Hansestädter ziehen pro Jahr ins Ausland. Das sind vergleichsweise viele. Anfang der 1980er Jahre packten nur 11.000 Hamburger ihre Koffer und im Jahr 2000 waren es lediglich 18.000.

2 Von Hamburg aus ging es für viele Europäer nach Brasilien.

Um sich „einer Menge Vagabunden und müßigen Volkes zu entledigen“ und ganz nebenbei eine Menge Geld zu sparen, schob der Hamburger Senat 1.824 Häftlinge nach Brasilien ab. Es war der Beginn einer wundervollen Freundschaft zwischen der Hansestadt und dem um seine Anerkennung kämpfenden brasilianischen Kaiser Pedro I. (1798–1834). Pedro hatte sich selbst zum Kaiser ausgerufen und brauchte zur Verteidigung des Anspruches dringend eine eigene Armee und Untertanen. Ein Trick: Auswanderwilligen, die sich für sechs Jahre Militärdienst verpflichteten, wurde die Überfahrt nach Südamerika geschenkt. Von Hamburg aus gingen bald zehntausende Deutsche und Osteuropäer als Soldaten und Siedler nach Brasilien. Unter falschen Versprechen, Vorstellungen und elenden Bedingungen, wie sich häufig zu spät herausstellte. Eine Hauptrolle in dem Geschäft spielte der vom brasilianischen Kaiser nach Europa entsandte Major Georg Anton von Schäffer. Von seiner Hamburger Geschäftszentrale aus schickte Schäffer Werbeagenten in „vielversprechende“ arme Regionen wie Pommern, Mecklenburg und Württemberg.

3 Auswandern über den Hamburger Hafen war zeitweise verboten.

Der Senat erließ 1825 ein Mandat, das die Anwerbung von Ausreisewilligen und deren Abreise über Hamburg untersagte. Ursache der drakonischen Maßnahme waren zahlreiche Berichte über kriminelle Geschäfte der sogenannten „Seelenverkäufer“. Besonders ein Vorfall an Bord des Hamburger Schiffes „Germania“ schockierte die Öffentlichkeit. Unter nie geklärten Umständen ließ Kapitän Hans Voß sieben Passagiere erschießen und über Bord werfen. Angeblich war es zu einer Meuterei gekommen. Gründe mag es genug gegeben haben. Häufig waren die Platzverhältnisse und hygienischen Zustände unhaltbar und selbst beim Proviant kam es zu Engpässen. Lange hielt sich der Hamburger Senat nicht an das selbst proklamierte Zölibat. Weil nun ausgerechnet die Bremer an Auswanderern prächtig verdienten, kippte er sein Gesetz – und Hamburgs Reeder stiegen groß in das Geschäft ein.

4 Hamburger planten ernsthaft, Inseln als Kolonien zu kaufen.

Treibende Kraft hinter dem Versuch war der Kaufmann und Senatssyndicus Karl Sieveking (1787–1847). Nach einem Besuch bei deutschen Auswanderern in Brasilien verfolgte er beharrlich die Idee, seiner Heimatstadt Kolonien zu beschaffen. Sie sollten als Handelsstützpunkte dienen und gleichzeitig soziale Probleme lösen. Mit gezielt gesteuerter Auswanderung wollte Sieveking der Überbevölkerung begegnen. Rücksicht auf (Ur-) Einwohner der in Augenschein genommenen Ländereien nahm er dem Zeitgeist folgend nicht. Kolonialprojekte in Südamerika, Texas und Südafrika kamen über Anfangsüberlegungen nicht hinaus. Zwei Planspiele wurden jedoch konsequent betrieben. Mit dem Osmanischen Reich verhandelte Sieveking 1841 über zwei griechische Inseln im Mittelmeer. Am Istanbuler Hof ließ er ausloten, ob der Sultan einem Kauf der Inseln Thasos und Samothrake zustimmen würde. Wenig später richtete sich die Hamburger Begehrlichkeit auch auf die Insel Samos. Obwohl sich die Osmanen das Geschäft grundsätzlich vorstellen konnten, kam es aus heute nicht mehr zu ermittelnden Umständen zu keinem Abschluss. Möglicherweise lag es daran, dass Sieveking parallel Kaufpläne für die Chatham-Inseln bei Neuseeland hegte. Die „Deutsche Colonisation-Gesellschaft", deren Teilhaber er und weitere Hamburger Kaufleute waren, unterschrieb im September 1841 in London einen vorläufigen Kaufvertrag über die Insel. Zur Ratifizierung und Übereignung kam es allerdings nicht. Das verhinderte niemand Geringere als die britische Königin Victoria. Im April 1842 erklärte sie die Chatham-Inseln kurzerhand zum unverkäuflichen Teil ihres Empires, indem sie die neuseeländische Grenze einfach ein paar hundert Kilometer weiter verschob.

5 **Auf der Veddel betrieb die HAPAG eine eigene „Auswandererstadt".**

Schon bald nach ihrer Gründung im Mai 1847 beförderte die „Hamburg-Amerikanische Packetfahrt-Actien-Gesellschaft" (HAPAG) anstelle von Paketen vor allem Auswanderer Richtung Amerika. Das Passagiergeschäft über den Atlantik machte bald einen Großteil des Unternehmens aus, zumal nach der gescheiterten Revolution von 1848/49 und den elenden sozialen Bedingungen in weiten Teilen Deutschlands und Osteuropas die Emigrantenzahlen rasant stiegen. Für die HAPAG und deren Chef Albert Ballin, übrigens selbst Sohn eines Auswanderers, ein glänzendes Geschäft. Mit einem kleinen Risiko: Die HAPAG war verpflichtet, Passagiere, denen die Einreise in die Vereinigten Staaten verweigert wurde, kostenfrei zurück nach Europa zu bringen. Um sicher zu gehen, errichtete die Firma daher am Amerikakai des Hamburger Hafens Baracken. In ihnen mussten täglich bis zu 1.400 Ausreisewillige wohnen – solange, bis ihre Einreiseformalitäten in Amerika vorab geklärt waren. Die beengten und unhygienischen Zustände sorgten für Kritik, zumal nicht alle Passagiere gezwungen wurden, im Lager zu leben. Die Zwangsunterbringung galt nur für die Ärmsten. Ihnen war ausdrücklich verboten, in der Stadt Hamburg zu übernachten. 1901 änderte sich die Situation grundlegend. Die HAPAG errichtete auf der Veddel eine richtige kleine Stadt. Mit modernen Schlaf- und Wohnpavillons, Büro- und Sanitärgebäuden sowie einer großen Speisehalle wurden die letzten Tage auf dem Alten Kontinent erträglicher. Sogar ein Musikpavillon mit regelmäßigen Konzerten, eine Kirche und eine Synagoge entstanden. Als die Auswandererzahlen nach dem Ersten Weltkrieg dramatisch zurückgingen, verlor die „Ballinstadt" an Bedeutung. Bis Anfang der 1960er Jahre wurden fast alle Gebäude abgerissen. Als man 2004 begann, an dem historischen Ort ein Auswanderermuseum zu schaffen, stand keine einzige Halle mehr. Die Lösung: Für die Ausstellung wurden drei Häuser rekonstruiert.

Bergbau

Bergbau in der Großstadt – das klingt wie Badeurlaub in der Antarktis. Doch was zunächst unglaublich erscheint, hat in Hamburg eine äußerst vielfältige Tradition.

1 In Hamburgs Erde gibt es einen funkelnden Rohstoff, den man leider nicht sieht.

Seit Jahrtausenden sind Menschen vom Gold fasziniert. Vor allem in finanziellen Krisenzeiten gilt es vielen als sichere Anlage. Hamburger, die keine Goldklumpen unter dem heimischen Kissen haben, mag es daher trösten, dass in der Erde ihrer Stadt jede Menge davon schlummert. So weit die optimistische Formulierung. Nun die realistische: Die Konzentration ist extrem gering. Selbst von Goldfusseln zu reden, wäre leicht übertrieben. Das Edelmetall ist nicht einmal mit dem Mikroskop erkennbar. Nur chemische Analysen bestätigen das Vorkommen. Das schüchterne Edelmetall kam, wie die vielerorts herumliegenden Findlinge, mit den Gletschern der Eiszeit nach Norddeutschland. Schade eigentlich, dass die skandinavischen Eismassen statt großer Goldnuggets nur die ollen, völlig nutzlosen Steinmonster vor sich herrollten.

2 Die Erdgasförderung begann mit einem mächtigen Knall.

Im Jahr 1910 waren die Hamburger Wasserwerke auf die Suche nach neuen Trinkwasserquellen, um die immer größer werdende Hansestadt ausreichend mit frischem Quellwasser versorgen zu können. Besonders vielversprechend erschien das Gebiet um Neuengamme in den Vierlanden. Nach mehreren erfolglosen Bohrungen gelang am 3. November ein sensationeller Fund. Nicht unbedingt der, den sich die Geologen vorgestellt hatten, aber einer, der die Dinge schlagartig änderte. Statt sprudelndem Wasser schoss plötzlich aus einer Tiefe von 248 Metern ein Gemisch aus Schlamm, Sand und Wasser nach oben – gepaart mit kräftigem Methangeruch. Die Hamburger waren auf eine Erdgaslagerstätte gestoßen – der ersten Deutschlands. Die Freude darüber dauerte nur kurz. Schon am nächsten Tag passierte ein Unglück. Funken einer Lokomotive entzündeten die ausströmenden Gase. Ein skurriles Schauspiel war die Folge. Drei 18 Meter hohe Gasfontänen brannten in unterschiedliche Richtungen ab. Erst nach 17 Tagen vermochte die Feuerwehr sie zu löschen. Aus Angst, die frei ausströmenden Dämpfe könnten Einwohner der umliegenden Gemeinden vergiften, wurde das ausströmende Gas wieder angezündet. Erst am 2. Dezember, also einen Monat nach der überraschenden Entdeckung der Lagerstätte, löschte man die Flammen endgültig. Die Hamburger begannen nun, das Gas gezielt zu fördern. Eine technische Pionierleistung, denn zuvor hatte dies in Deutschland noch niemand versucht. Der Versuch machte in diesem Fall nicht nur „kluch“, sondern auch vermögend. Über 20 Jahre wurden Hamburgs Haushalte mit dem heimischen Erdgas versorgt und Einnahmen von 20 Millionen Goldmark generiert.

3 Hamburgs Bürgermeister Olaf Scholz könnte sich als kleiner Ölscheich fühlen.

Was kaum jemand weiß: Auf Hamburgs Stadtgebiet wird seit über 70 Jahren Erdöl gefördert. In Reitbrook holten ab 1937 unzählige Pumpen den begehrten Rohstoff aus der Erde. Es war damals das größte deutsche Ölfeld. Zwei Jahre später erreichte die Produktion ihren Höhepunkt: 360.000 Tonnen in zwölf Monaten! Die „goldschwarzen" Zeiten sind noch lange nicht vorbei. Unter der Hansestadt schlummern rund 340.000 Tonnen, die weiterhin kräftig gefördert werden. Im Sinstorfer Ölfeld sind es zur Zeit etwa 16,5 Tonnen jährlich. Das macht Bürgermeister Scholz vielleicht nicht zum saudischen Ölscheich, aber immerhin zum kleinen norddeutschen Ölprinzen. Sein Vorratsschatz im Erdölsee hat einen momentanen Marktwert von geschätzten 170 Millionen Euro. Bei steigenden Energiepreisen sogar tendenziell mehr.

4 In einem echten Bergwerk wurde Braunkohle unter Tage gefördert.

Spaziergänger in Ehestorf am südwestlichen Hamburger Stadtrand wundern sich manchmal über einen scheinbar unpassenden Straßennamen: „Beim Bergwerk". Schließlich ist weit und breit nichts von Bergbau zu sehen. Doch der erste Augenschein trügt. Zwischen 1919 und 1922 wurde hier in einem unterirdischen Bergwerk Braunkohlesand abgebaut. Die Ausbeute der Grube „Robertshall" in den Harburger Bergen betrug nach dem Waschen des Sandes rund 50.000 Tonnen reine Kohle. Der aufwendige Abbau des Energieträgers war durch immer wieder vorkommende Wassereinbrüche im Stollen sehr schwierig und lohnte sich wirtschaftlich nur durch die Kohlenot nach dem Ersten Weltkrieg. Auch nach 1945 gab es kurzzeitig den Plan, die Förderung wieder aufzunehmen. Weil sich der Aufwand nicht lohnte, ließ man es sein.

5 Auf der Suche nach heißem Wasser entstand Hamburgs tiefstes Loch.

Experten gilt es als ein idealer und nie versiegender Energieträger der Zukunft: heißes Wasser. In Tiefen von 2.500 bis 3.300 Metern fließt es mit Temperaturen zwischen 80 °C und 125 °C. Nach oben gepumpt, könnte es einen Teil des Hamburger Heizwärmebedarfs decken. So weit die visionäre Idee der Geothermie. Doch bevor die CO_2-neutrale Zukunft beginnt, müssen die heißen Quellen zunächst einmal gefunden und erfolgreich angezapft werden. Ein erster Versuch wurde 1997 unternommen. In Allermöhe bohrte man bis auf eine Tiefe von 3,3 Kilometern, wo sich tatsächlich das gewünschte Wasser fand. Zur Energiegewinnung war es jedoch ungeeignet. Für die Experten kein Grund zum Aufgeben. Nach erfolgreichen Voruntersuchungen auf der Insel Wilhelmsburg soll dort demnächst noch etwas tiefer gebohrt werden.

Börse

Im internationalen Maßstab zählt Hamburgs Börse heute eher zu den kleinen. Mit 28 Milliarden Euro Jahresumsatz ist sie trotzdem wichtig.

1 **Keine Börse Deutschlands hat eine längere Tradition als die Hamburger.**

Seit 1558 können in der Hansestadt Aktiengeschäfte abgewickelt werden. Die Idee übernahm man aus dem durch Handel verbundenen Antwerpen, wo es bereits seit 1531 eine Börse gab. Am Anfang fand der Börsenhandel unter freiem Himmel statt. Auf einem 400 Quadratmeter großen, durch eine Mauer begrenzten Platz nahe der Trostbrücke trafen sich Kaufleute, um Nachrichten auszutauschen und Geschäfte zu machen. Für ein Haus reichte die Spendenbereitschaft der Händler nicht aus. Der erste feste Bau entstand ab 1577 – finanziert von der vermögenden Gilde der Gewandschneider. Die Stoffhändler ließen ein prächtiges Renaissance-Haus errichten. Die Börse, die damals noch eine Warenbörse war, fand im zugigen und kalten Erdgeschoss statt. Im oberen Stockwerk machten es sich die Gewandschneider bequem. Die Privilegien der Bauherren führten regelmäßig zu Streitereien. Vor allem die immer mächtiger werdenden Seehandelskaufleute fühlten sich als „Gäste" disqualifiziert. Mit Gründung der Commerzdeputation, der ersten deutschen Handelskammer, setzten sie nach und nach die Gleichberechtigung aller Börsenteilnehmer durch. Zum Wohle aller, denn der Handelsplatz boomte nun noch stärker.

2 **Von heftigen Crashs blieb auch die Hamburger Börse nicht verschont.**

Bis zum Ende des 18. Jahrhunderts entwickelte sich Hamburg zu einer der führenden Handelsstädte Europas. Über den Hafen wurde ein beachtlicher Teil des Überseegeschäfts abgewickelt. Selbst der innereuropäische Warenaustausch lief zunehmend und kriegsbedingt – Stichwort: Napoleon – über die norddeutsche Metropole. In der Stadt führte dies zu einem stetig wachsenden Reichtum. Zunehmend wichtig dabei: die Hamburger Börse. Über sie wurde in Form von Wechseln die Finanzierung vieler Handelsgeschäfte gewährleistet. Wechsel fungieren als eine Art Geldersatz. Der Aussteller verpflichtet sich, an einem bestimmten Tag eine bestimmte Summe Bargeld an den Inhaber des Wechsels zu zahlen. Dieses Zahlungsversprechen gilt unabhängig davon, an wen es ursprünglich einmal ging. Damit können Wechsel wie Bargeld verwendet werden. Um eigene Schulden zu begleichen, kann jeder mit Schulden eines anderen zahlen. Für Aussteller eines Wechsels bieten diese Finanzpapiere die Chance, eine Zahlung auf einen Tag zu verschieben, an dem ein bestimmtes Geschäft abgewickelt sein wird. Eine Transaktion mit Risiko: Platzt ein Geschäft, platzt möglicherweile die Rückzahlung des Wechsels. Platzen sehr viele Geschäfte, platzt vielleicht die ganze Börse. Genau zu dieser Situation kam es 1799 in Hamburg. Auslöser für die erste große Finanzkatastrophe war eine Seeblockade der Engländer. Im Kampf gegen Napoleon und seine Verbündete ließen sie keine Schiffe mehr nach Hamburg ein- und auslaufen. Dadurch kam der Handelsverkehr zum völligen Stillstand. Eine Lage mit dramatischen Folgen: Viele hochspekulative Geschäfte und auf sie ausgeschriebene Wechsel gingen nicht auf. Zusätzlich problematisch war der Umstand, dass man an der Hamburger Börse auch echte Waren handelte, die nun nicht eintrafen oder im Lager unbrauchbar wurden. Obwohl die Seeblockade nur drei Monate dauerte, erschütterte sie Hamburg und seine Börse bis ins Mark. Innerhalb dieser kurzen Zeitspanne gingen 82 Handelshäuser bankrott.

3 **Für den Neubau der Börse musste ein altes Kloster weichen.**

Zu Beginn des 19. Jahrhunderts platzte das Börsengebäude von 1577 endgültig aus allen Nähten. Obwohl über die Jahre ständig neue Räume angebaut worden waren, bot es nicht annähernd genug Platz für den rasant steigenden Börsenhandel. Am 2. Dezember 1841 war es schließlich so weit: Mit großem Pomp weihte Hamburgs Geldadel das neue Börsengebäude am Adolphsplatz ein. Es war zu Recht der ganze Stolz der Hansestadt. Sein Börsensaal bot nun gleichzeitig 5.000 Händlern Platz. Eine Besonderheit, die auch international ihresgleichen suchte, war die im Gebäude untergebrachte Commerzbibliothek.

Die 1735 gegründete Institution mit ihren damals 25.000 Bänden gilt als die erste wirtschaftswissenschaftliche Bücherei der Welt. Der Bau der Neuen Börse war übrigens erst durch Abriss des mittelalterlichen Maria-Magdalenen-Klosters möglich. Wer nun glaubt, auf dem schnöden Mammon-Tempel habe fortan ein Fluch gelegen, irrt sich gewaltig. Beim schlimmen Stadtbrand, der im Jahr darauf fast die gesamte Hamburger Innenstadt in Schutt und Asche legte, passierte der Börse nichts. Außerhalb der Hamburger Stadtgrenzen sorgte das für viele Lästereien. Dass ausgerechnet die Börse gerettet wurde, während gleichzeitig direkt daneben das Rathaus abbrannte, konnten viele Nicht-Hanseaten kaum verstehen. Warum eigentlich nicht?!

4 Die Verhaltensregeln für den Börsensaal waren (manchmal) streng.

Die Börsenordnung von 1841 erlaubte ein Betreten des Börsensaals nur „dem anständigen, männlichen Publikum". Die Herren mussten bis zum Schlag der Börsenglocke um 13 Uhr anwesend sein, der Raum wurde für eine Stunde verriegelt. Allerdings galt auch hier: keine Regel ohne Ausnahme! Wer zu spät kam, wurde nicht gleich vom Leben bestraft, sondern vom Börsenknecht. Für den Zutritt zum Börsensaal kassierte er ein Strafgeld. Nach 17 Uhr durften sich nur diejenigen im Haus aufhalten, die sich an einer jährlichen Umlage für Licht und Heizung beteiligten.

5 Seit 1999 sind die Hamburger und Hannoveraner Börsen ein Unternehmen.

Genau genommen ist das Gemeinschaftsunternehmen BÖAG AG nicht eine Börse: Es sind fünf. An der Wertpapierbörse können wie vielerorts Aktiengeschäfte erledigt werden. Die Allgemeine Börse hat einen eher lokalen Geschäftsanspruch. Typisch hamburgisch und mit großen Traditionen verbunden sind hingegen die Getreidebörse, die Kaffeebörse und die Versicherungsbörse. Letztere ist neben der Londoner die einzige weltweit. Das historisch gewachsene Versicherungsgeschäft wurde schon bei Gründung der Börse betrieben.

Brauereien

Gibt es etwas Besseres als bei herrlichem Wetter zu grillen und ein kühles Bier zu trinken? Was nach Werbung für hemmungslosen Alkoholgenuss klingt, ist Lokalpatriotismus pur: Hamburg verdankt dem Bier viel.

1 Hamburgs Bierkonsum ist mysteriös – zumindest nebulös.

Kaum zu glauben, aber nach Statistiken des Deutschen Brauerbundes wahr: Der durchschnittliche Hamburger trinkt im Jahr nur 17 Liter Bier. Überraschend wirkt der Zahlenzauber des Verbandes erst recht, wenn man sieht, wie viel Gerstensaft in anderen Bundesländern konsumiert wird. Die Bayern kommen beispielsweise auf 46 Liter. So weit, so erwartbar. Überraschend ist aber, dass die Sachsen Deutschlands Schluckspechte Nummer eins sind und mit 52 Litern Gerstensaft pro Jahr und durstiger Kehle etwa dreimal so viel Bier verbrauchen. Ob die Zahlen stimmen? Eine investigative Samstag-Nacht-Recherche des Autors auf dem Kiez ergab: Zweifel scheinen angebracht!

3 **Im Mittelalter teilten sich Hamburgs Brauer in drei „Bierkasten".**

Die Arbeitsteilung in der Hanse war nahezu perfekt geregelt. Ohne große Eifersüchteleien untereinander verteidigten die stolzen Städte das große Ganze gemeinsam und spezialisierten sich selbst auf ein bestimmtes Gewerbe. Ein alter Abzählreim aus dem 15. Jahrhundert macht es deutlich: „Lübeck ein Kaufhaus, Lüneburg ein Salzhaus, Danzig ein Kornhaus, Magdeburg ein Backhaus, Rostock ein Malzhaus, Köln ein Weinhaus, Halberstadt ein Frauenhaus ...". Moment, könnte man da jetzt denken: ausgerechnet „Halberstadt ein Frauenhaus"? Was war denn dann mit Hamburg? Ganz klar: Hamburg ein Brauhaus! 1376 gab es in der Stadt genau 457 Brauereien, die im Jahr über 21 Millionen Liter Bier produzierten. Mehr als genug also, um sich den Ehrentitel „Brauhaus der Hanse" redlich verdient zu haben. Über die Hälfte des Hamburger Gerstensaftes ging in den Export. Innerhalb der Hansestadt galt ein Kastensystem unter den Brauern. Sie teilten sich in drei Gruppen. Vermögende Seebrauer produzierten ausschließlich für den internationalen Export. Landbrauer versorgten die nähere Umgebung, kleine Stadtbrauer die Einwohner Hamburgs mit kühlem Blonden. Die Trennung zwischen den Gruppen war strikt und wurde entsprechend überwacht. Das führte immer wieder zu Konflikten, zumal Seebrauern keine Mengenbeschränkung auferlegt wurde, während Stadtbrauer zunehmend Produktionslimits einhalten mussten. Völlig unumstritten ist hingegen, dass damals 60 Prozent des Hamburger Wirtschaftsvolumens aus dem Bierhandel stammten. Mit Recht kann daher behauptet werden, dass Hamburgs früher Wohlstand und damit seine heutige Position auf Bier gründet. Na dann: Prost!

2 **Ein Bierhändler zeigt hanseatisches Understatement der besten Art.**

„In dreihundert Schluck um die Welt" – so könnte der Arbeitstitel für einen Besuch im Bramfelder „Haus der 131 Biere" lauten. Das Bierfachgeschäft bietet, anders als es der bescheidene Firmenname nahelegt, mehr als 300 Biersorten von allen Kontinenten.

4 Hamburg schuf hundert Jahre vor dem Deutschen Reinheitsgebot sein eigenes.

Das vielgerühmte „Deutsche Reinheitsgebot", wonach Bier nur mit sauberem Quellwasser, Hopfen und Malz gebraut werden darf, stammt aus der bayerischen Landesordnung von 1516. In Hamburg war da eine vergleichbare Regelung schon längst ein alter Hut. 1411 erließ der Hamburger Rat ein Gesetz, das Brauern verbot, ihr Wasser mit Kübeln aus Brunnen und Fleeten zu holen. Was auf den ersten Blick wie eine hygienisch sinnvolle Vorschrift aussieht, hatte einen klaren wirtschaftspolitischen Hintergrund. Die kleinen Brauereien rund um St. Jakobi verfügten über keine eigenen Brunnen und mussten daher Brauwasser aus Fleeten und Brunnen heranschaffen. Die Folge war absehbar und wohl kalkuliert: Innerhalb kurzer Zeit stellten 150 Brauereien ihren Betrieb ein.

5 Bierbrauen war nur in ganz bestimmten Häusern erlaubt.

Wer im späten Mittelalter ins boomende Biergeschäft einsteigen wollte, hatte es nicht leicht. Während bis Mitte des 14. Jahrhunderts nahezu alle Einwohner ihr Bier selbst zu Hause fabrizierten – es einzukaufen galt als ärmlich – änderte sich das bald grundlegend. Wer Brauen als Gewerbe betreiben wollte, musste ein mit Braurecht privilegiertes Haus kaufen oder mieten. Eine Art Brauerben-„Mafia" verteidigte diese Regel über Jahrhunderte äußerst zäh. Für sie eine unkomplizierte Sache, denn solange Bier das Hauptgeschäft der Hamburger war, hatten sie politisch das Sagen. Nicht einmal Lobbyisten waren nötig, Brauerben bekleideten die wichtigsten Posten einfach selbst. Erst 1751 fiel die zwanghafte Verbindung von Brauen und altem Brauhaus. Ein paar Jahrzehnte später entstanden Großbrauereien, die es teilweise heute noch gibt.

6 Hamburgs Bier kam aus einer sozialistischen Planwirtschaft.

Weil Bier Hamburgs wichtigster Wirtschaftszweig war, reglementierte und kontrollierte der Senat Produktion und Vertrieb stark. Damit sollte gleichzeitig der bestehende soziale Konflikt zwischen Seebrauern und Stadtbrauern entschärft werden. Vom 15. bis 17. Jahrhundert wurde Bier in einer Art sozialistischer Planwirtschaft gebraut. Verkaufspreise und Produktionsmenge legte man staatlich fest. Den Rohstoffeinkauf übernahm das Bierkontor der Stadt. Selbst den Zeitpunkt für den Produktionsbeginn bestimmte der Rat. Los ging es mit dem sogenannten „Orloff": Die Rathausglocken wurden geläutet und ein entsprechender Erlass verlesen. Eine andere Taktik, die dafür sorgte, dass jeder sein Bier garantiert verkaufte, war das Reihebrauen. Frisches Bier gab es nur, wenn alte Vorräte komplett verbraucht waren.

7 „St. Pauli"-Bier hat mit St. Pauli nichts zu tun.

Eine sehr seltsame Biersorte, die auf den ersten Blick aus Hamburg zu stammen scheint, ist das „St. Pauli Girl"-Bier. In den USA wird es in Lifestyle-Magazinen groß beworben – gutes deutsches Bier für durstige amerikanische Männerkehlen. Damit hat es die Marke in den Vereinigten Staaten zum meistverkauften deutschen Importbier nach „Becks" geschafft. Für Deutsche ist die ganze Aufmachung ausgesprochen gewöhnungsbedürftig. Auf dem Etikett prangt ein pralles, blondes Mädchen im bayerischen (!) Dirndl. Wenn man genauer recherchiert, stellt sich sogar heraus, dass sich das „St. Pauli Girl" gar nicht auf den bekannten Hamburger Stadtteil, sondern auf das ehemalige Bremer St.-Pauls-Kloster bezieht. Des Rätsels Lösung: „St. Pauli Girl" wird bei Becks in Bremen gebraut, aber ausschließlich exportiert.

Brücken

Von wegen „Über sieben Brücken musst Du gehen": In Hamburg sind es 2.486! Damit ist die Stadt Europas brückenreichste. Amsterdam kommt nur auf 1.200 und Venedig auf schlappe 410.

1 Die Zollenbrücke ist die älteste Brücke der Stadt.

Sie stammt aus dem Jahr 1633 und befindet sich am Nikolaifleet. Der Name leitet sich von einem Zollhaus ab, das sich dort einst befand. Der Steinbau war ein Ersatz für eine Holzbrücke, die seit mindestens 1355 bestand. Wegen der Erschütterung durch die Bombennächte des Zweiten Weltkrieges dürfen heute nur noch Fußgänger das alte Bauwerk benutzen.

2 Warum die Trostbrücke ausgerechnet Trostbrücke heißt, ist unklar.

Es gibt zwei Theorien. Die erste besagt, dass zum Tode Verurteilte auf ihrem Weg zur Hinrichtung über die Brücke gingen. Vor einem Kruzifix, das mitten auf dem Bauwerk stand, mussten sie innehalten. Das Kreuz ist Christen ein Zeichen des Trostes. Theorie zwei ist weniger religiös: Demnach steht die Brücke auf einem Grundstück, das ursprünglich einem Herrn Trost gehörte.

3 Die größte Hubbrücke der Welt überquert in Hamburg die Elbe.

Die Dimensionen der 1973 eingeweihten Kattwyk-Brücke sind gewaltig: Mit einer Spannweite von 290 Metern schlägt sie einen weiten Bogen über die Elbe. Täglich nutzen sie rund 10.000 Autos und etwa 40 Züge. Um den Schiffsverkehr nicht zu behindern, hebt sich das 540 Tonnen schwere Mittelteil alle zwei Stunden um 46 Meter nach oben und senkt sich anschließend wieder ab. Das gesamte Prozedere dauert etwas mehr als eine Viertelstunde. Etwas eiliger schien es im September 1991 der polnische Frachter „Stanislaw Kulczynski" zu haben. Mit voller Wucht rammte er die Brücke und brachte sie teilweise zum Einsturz. Eine monatelange Sperrung war die Folge.

4 Napoleon besorgte den Hamburgern ihre erste Brücke über die Elbe.

Manchmal schafft eine fremde Besatzungsmacht auch etwas Gutes. Als die Franzosen Hamburg für ihr gott- oder zumindest napoleongegebenes Eigentum hielten, kümmerten sie sich immerhin um den Bau der ersten Elbbrücke. Der vier Kilometer lange Holzbau zwischen Hamburg und Harburg führte über die Wilhelmsburger Insel und entstand 1814 in nur 83 Tagen. Um auf die Brücke zu gelangen, musste man an Norder- und Süderelbe auf Fähren steigen. Die Hamburger zeigten sich über das Bauwerk weniger erfreut und tauften sie „Teufelsbrücke". Möglicherweise lag das auch daran, dass sie den Prestigebau durch Zwangsabgaben bezahlten. Ganz besonders sauer waren die Fährschiffer, denen das Geschäft vermiest war. Nach dem Abzug der Franzosen sorgten sie dafür, dass die Elbbrücke nicht instand gehalten wurde. Im Winter 1817 wurde das napoleonische Relikt durch Eisschollen völlig zerstört.

Burgen & Schlösser

Als freie Reichs- und Hansestadt hatte Hamburg immer ein gespaltenes Verhältnis zum Adelspomp. Doch ganz ohne Schlösser und wehrhafte Burgen war die Metropole nie.

1 Von der legendären Hammaburg fehlt bis heute jede Spur.

Die sagenumwobene Burg, die Hamburg den Namen gab, ist und bleibt wohl verschwunden. Als einziger Beleg für ihre Existenz gilt die mittelalterliche Quellensammlung „Vita sancti Ansgari" („Das Leben des Heiligen Ansgar"). Darin wird der Überfall und die Zerstörung der Hammaburg im Jahr 845 geschildert. Zahlreiche Indizien sprechen dafür, dass sich Hamburgs Keimzelle im Bereich des Domplatzes befand – wahrscheinlich vier Meter unter der heutigen Oberfläche. Obwohl Archäologen den Platz mehrmals umbuddelten, entdeckten sie nichts. Eine erste große Kampagne begann direkt nach dem Zweiten Weltkrieg. Ein Team grub zehn Jahre und stieß dabei unter anderem auf farbige Erdschichten. Sie wurden als die verrotteten Außenmauern der Hammaburg gedeutet. Zu früh gefreut! Durch in den Schichten gefundene Tonscherben stellte sich heraus, dass sie deutlich jünger sind. Neue Grabungen fanden zwischen 1980 und 1987 sowie 2005/06 statt. Dabei gab es sensationelle Funde, die zwei Dinge bewiesen: Bereits vor der Hammaburg lebten Menschen an diesem Ort. Und die Reste der Wehranlage liegen – wenn überhaupt – woanders.

2 Am Speersort kann man beim Franzbrötchenessen Hamburgs Ursprung sehen.

Im Keller einer Bäckerei befinden sich die Überreste des ältesten Steinbaus nördlich der Elbe. Das Fundament des sogenannten „Bischofsturms" besteht aus ringförmig angeordneten Findlingen, deren Kreis einen Durchmesser von 19 Metern umfasst. Sie wurden 1962 zufällig bei Bauarbeiten auf dem Grundstück entdeckt. Wie sich herausstellte, stammt die Anlage aus dem 12. Jahrhundert. Und noch einen historischen Leckerbissen hält der Bäckereikeller parat: Die Glocken des über 1.000 Jahre alten Domgeläuts. Allerdings nicht das Original, sondern einen originalgetreuen Nachguss. Der war machbar, weil sich bei Ausgrabungen die alte Glockengussgrube fand.

3 Auf dem Süllberg hausten böse Mönche in einer Burg.

Majestetisch erhebt sich der Süllberg am Blankeneser Elbufer: Doch die früheren Bewohner benahmen sich eher wenig vornehm. Im einst dichten Wald, der den Berg bedeckte, hausten Räuber. Sie überfielen Reisende und erleichterten sie um ihre Habseligkeiten. Hamburgs Erzbischof Adalbert I. (1000–1072) zeigte sich von diesem Unternehmergeist genervt und ließ den gesamten Wald roden. Aus dem Holz errichtete man auf der Spitze des Süllberges ein Kastell. Von dort aus sollten nun die Handelswege gesichert werden. Der Plan ging nicht auf. Die im Kastell wohnenden Ritter und Mönche entpuppten sich als mindestens genauso schlimme Räuber. Sie überfielen regelmäßig die Dörfer der Umgebung und stahlen sich ihren Lebensunterhalt zusammen. 1066 hatten die Bauern genug und legten die Burg in Schutt und Asche. Rund 200 Jahre später entstand erneut eine Burg, deren Einwohner sich – manchmal wiederholt sich Geschichte eben doch – als Räuber betätigten. Nach drei Jahren hatten die Hamburger die Faxen dicke und erwirkten einen Abriss der Anlage.

4 Ein Immobilienspekulant ist Schuld am Abriss des Wandsbeker Schlosses.

Aufbauen, Abreißen, Aufbauen, Abreißen, Aufbauen – so lässt sich die Geschichte des Wandsbeker Schlosses und seines Grundstückes schnell erzählen. Alles begann mit der Wandesburg, einem Herrenhaus im Stil der Renaissance. Der vermögende Gutsbesitzer Heinrich Rantzau (1526–1598) ließ sie um 1564 bauen. Die Burg bestach durch einen hohen Turm, in dem für ein knappes Jahr der berühmte dänische Astronom Tycho Brahe (1546–1601) forschte. Aus einer finanziellen Not heraus verkauften Rantzaus Nachkommen die Wandesburg an Heinrich Carl Graf von Schimmelmann (1724–1782). Schimmelmann, der durch den europäisch-afrikanisch-amerikanischen Sklavenhandel zum reichsten Mann Europas wurde, ließ den alten Herrensitz 1772 abreißen und ein prächtiges Schloss errichten. Drum herum entstand ein riesiger Park. Lange gab es das Ensemble nicht. Der Immobilienhai Johann von Carstenn (1822–1896) erwarb Schloss und Ländereien und schickte wenig später Abrissbirnen. 1861 wurde der vollkommen intakte Bau zerstört. Carstenns skrupellose Aktion war keine übertrieben pragmatische Architekturkritik, sondern eine handfeste Spekulation. Er teilte das Areal in Einzelgrundstücke auf und verkaufte sie anschließend mit Höchstgewinn – der aus prächtigen Gründerzeitvillen bestehende Stadtteil Marienthal entstand. Die Rache für Carstenns Frevel folgte später. Mit einem ähnlichen Projekt in Berlin verspekulierte er sich spektakulär und starb verarmt in einem Irrenhaus.

5 In Bergedorf steht Hamburgs einziges erhaltenes Schloss.

Seit Anfang des 13. Jahrhunderts hatten die Herzöge von Sachsen-Lauenburg im Bergedorfer Schloss eine ihrer Residenzen. Der Ort verfügte aus ihrer Sicht über einen wunderbaren Vorteil: Durch ihn führte der Salzhandel von Lüneburg Richtung Hamburg und Lübeck. Die Lauenburger kassierten für den Durchgang Zoll. Eine einträgliche Sache, die sich die selbstbewussten Hansestädte Lübeck und Hamburg 1420 nicht länger gefallen ließen. Mit 3.800 Soldaten zogen sie nach Bergedorf und belagerten für vier Tage das Schloss. Die Lauenburger kapitulierten und überschrieben den beiden Stadtstaaten das Schloss sowie zahlreiche Dörfer im Umland. Der Prachtbau wurde nun zum Behördensitz für das Amt Bergedorf, das beide Städte bis 1868 geschwisterlich verwalteten. Schließlich kauften die Hamburger den Lübeckern ihren Teil ab.

6 Ins Harburger Schloss zogen ungewöhnliche Nachmieter ein.

Die kläglichen Überreste, die es heute noch vom einstigen Harburger Schloss gibt, vermitteln nicht annähernd ein Bild von der großen kulturhistorischen Bedeutung des Ortes. Dabei liegt auf der kleinen Schlossinsel das Zentrum der Besiedlung Harburgs. Vor rund 1.000 Jahren stand dort die Horeburg. Von der Sumpfburg leitete sich später der Name des Stadtteils ab. Im 16. Jahrhundert wurde sie von den Herzögen von Braunschweig-Lüneburg, die hier eine Residenz hatten, zum Schloss im Stil der Renaissance umgebaut. Alte Stiche zeigen die gewaltige Veränderung, die der Dreißigjährige Krieg (1618–1648) mit sich brachte: Das Schloss wurde zur Festung mit fünfeckigem Befestigungsring. Mit dem Bau des Harburger Binnenhafens mutierte das Schloss zu einer Werft. Statt Blaublütern wohnten dort ab 1900 Werftarbeiter.

Diplomatie

Hamburgs Wohlergehen als Handelsstadt hing oft von geschickter Diplomatie ab. Kein Wunder also, dass sich Anhänger geschliffener Worte in der Elbmetropole ganz zu Hause fühlen.

1 Hamburg ist die drittwichtigste Konsularstadt der Welt.

Über 100 Länder haben eine diplomatische Vertretung in der Stadt. Selbst Zwergstaaten wie die 26 Quadratkilometer große Südseeinsel Tuvalu zeigen selbstbewusst Flagge. In den meisten Fällen handelt es sich um Honorarkonsule. Ähnlich viele Konsulate gibt es nur in New York und Hongkong.

2 Die Österreicher nahmen als Erste diplomatische Beziehungen auf.

Bereits 1570 eröffnete das Alpenland seine Botschaft im hohen Norden und wurde damit zum Trendsetter. Nur wenig später folgten die Franzosen (1579) dem Vorbild. Auch die Niederlande (1625) und Spanien (1626) erkannten früh den Vorteil einer ständigen Vertretung in Hamburg.

3 Das Matthiae-Mahl ist Höhepunkt im Diplomaten-Jahr.

Seit 1356 lädt der Senat einmal im Jahr zum großen Schmaus. Damit ist die Fete, die traditionell rund um den 24. Februar stattfindet, das älteste Festmahl der Welt – auch wenn es nach 1724 zu einer Pause von etwa 200 Jahren kam. Da die Hamburger selbstverständlich gastfreundlich und weltoffen sind, laden sie neben dem kompletten Diplomatischen Corps auch je zwei Ehrengäste ein: einen ausländischen und einen innerdeutschen. Neben Königin Silvia von Schweden, dem jordanischen König Abdullah II. sowie Prinz Charles und Lady Diana kamen so unter anderem Helmut Kohl, Hans-Dietrich Genscher, Steffi Graf und Angela Merkel in den Genuss einer mehrgängigen warmen Mahlzeit. Absoluter Spitzenreiter mit vier Einladungen ist Helmut Schmidt. Die Gastfreundschaft hat jedoch eine klare Grenze. Selbst die prominentesten Gäste müssen einen Teil des Weges zum Festsaal allein gehen. Hamburgs Bürgermeister erwartet sie erst auf dem oberen Absatz der Senatstreppe. So verhinderte man früher, dass der Bürgermeister Gästen aus dem Sattel helfen musste. Schließlich ist er Stadtoberhaupt und kein Steigbügelhalter.

4 Große Sprünge durften Hamburgs Diplomaten früher nicht machen.

Es sei denn, sie finanzierten sie aus eigener Tasche. Laut Diplomatengesetz von 1842 blieb sogar die „Anschaffung einer Flagge sowie eines Wappenschildes dem Consul auf sein Kosten überlassen“. Damit nicht genug: Für die Führung eines Auslandkonsulates gab es meist nicht einmal Geld. Nur den Ehrentitel.

5 Hamburg hat auch heute noch eine Art Außenminister.

Im Moment ist es Wolfgang Schmidt. Er führt einen ziemlich langen offiziellen Titel. Schmidt ist „Bevollmächtigter beim Bund, bei der Europäischen Union und für auswärtige Angelegenheiten“. Seinen Dienstsitz hat er natürlich in einer Botschaft in Berlin – der Landesvertretung.

Einwanderer

Hamburg ist schon lange eine Stadt, in der Menschen aus anderen Ländern ein neues Zuhause finden. Manchmal kommen sie freiwillig, manchmal aus Not. Ihre neue Heimat bereichern sie auf jeden Fall.

1 **Bunter als in Hamburg kann es kaum noch zugehen.**

In der Stadt leben heute rund 240.000 Menschen, die eine ausländische Staatsangehörigkeit haben. Sie kommen aus 178 unterschiedlichen Ländern. Die größten Einwanderergruppen stammen aus der Türkei, gefolgt von Menschen aus Polen und – schon als drittgrößte Gruppe – Afghanistan. Die Statistik täuscht allerdings über einen wichtigen Umstand hinweg: Sie berücksichtigt nur diejenigen, die keine deutschen Staatsbürger sind. Wer einen ausländischen Familienhintergrund hat, aber den deutschen Pass besitzt, wird von Meldeämtern nicht gesondert erfasst – schließlich ist er oder sie ja Hamburger/in.

2 Hamburger Bürger zu werden, war früher keine leichte Sache.

Selbst heute ist es für Neu-Hamburger, die sogenannten Quiddjes, nicht ganz einfach, in der Stadt anzukommen. Die Alteingesessenen haben (manchmal sogar zu Recht) den Ruf, nicht gleich jeden Dahergelaufenen mit offenen Armen zu empfangen. 1897 gründete sich der „Verein geborener Hamburger e.V.", der es sich ausdrücklich zum Ziel setzte, Hamburger Traditionen und Kultur gegen Neuankömmlinge zu schützen. Während beispielsweise Berlin in seiner Geschichte immer enorme Zuwanderungswellen hatte und „echte" Berliner im Prinzip kaum existieren, hat Hamburg eine lange Tradition freundlicher, aber bestimmter Distanz entwickelt. Dies zeigt sich besonders gut an den Regeln zum Erwerb des Hamburger Bürgerrechts. Ein Gesetz von 1603 legte fest, dass es für 20 oder 50 Mark gekauft werden musste. Die Höhe war abhängig vom ausgeübten Gewerbe. Zudem mussten Neubürger einen sogenannten Bürgereid ablegen. Nicht einmal in Hamburg geborenen Kindern fiel das Bürgerrecht automatisch zu. Immerhin bekamen sie Rabatt. War der Vater bereits Hamburger, musste Sohnemann nur noch 10 Mark berappen. Weil Emanzipation damals unbekannt war, schloss man Frauen generell von der Bürgerehre aus. Chancenlos waren auch Adlige und Nichtlutheraner, also Katholiken und Juden. Relativiert wurde diese strikte Regelung immerhin durch eine für die damalige Zeit liberale Aufenthaltspolitik. So gewährten die Hamburger beispielsweise englischen Kaufleuten 1611 besondere Privilegien für eine Niederlassung, zu der sogar eine eigene Gerichtsbarkeit zählte.

3 Die ersten Einwanderer Hamburgs hatten die Nase gestrichen voll.

Im 13. Jahrhundert erlebte das damals noch recht kleine Hamburg seine erste große Zuwanderungswelle. Die Neuankömmlinge hatten keine besonders weite Anreise – sie kamen direkt aus den umliegenden Ländern. Vor allem Bauern, Knechte und Mägde verließen ihre Heimat, um in der Stadt ein neues Leben zu beginnen. Anlass war für die meisten die teilweise unmenschliche Unterdrückung, die sie vom ländlichen Adel erfuhren. Mit einem Bleiberecht in der Stadt konnten sie der Leibeigenschaft auf dem Land entgehen. Das Motto „Stadtluft macht frei" galt für sie ganz wörtlich.

4 Für rund 40 Jahre gab es in Hamburg eine China-Town.

Zugegeben: China-Dorf trifft es besser. Das Viertel beschränkte sich nämlich vor allem auf die Schmuckstraße auf St. Pauli. Ab 1900 gab es dort Geschäfte und Vergnügungslokale. Eine Statistik von 1925 weist exakt 97 chinesische Männer und 14 Frauen in Hamburg aus. Ein Historiker, der vor Kurzem zum Chinesenviertel forschte, geht aber eher von bis zu 3.000 Bewohnern aus. Die meisten kamen als Matrosen und überbrückten nur die Zeit bis zur nächsten Reise. Vor allem in den wilden Zwanziger Jahren wurde die Straße zur Ausgehmeile. Die ersten Hamburger Chinarestaurants öffneten und Kellerlokale verwandelten sich in Opiumhöhlen. In ihrem Rassenwahn bereiteten die Nazis dem exotischen Treiben ein Ende. 1944 wurden die letzten 129 Chinesen verhaftet und in einem Wilhelmsburger Arbeitslager eingesperrt.

5 Niederländer mussten sich einer Glaubensprüfung unterziehen.

Schon seit dem 13. Jahrhundert gab es enge Handelsbeziehungen zwischen Hamburg und den Regionen der heutigen Niederlande. Als es dort ab 1568 zum Achtzigjährigen Krieg kam, flohen viele evangelische Niederländer vor den spanischen Besatzern nach Hamburg. Bevor sie sich fest ansiedeln durften, mussten sie eine protestantische Glaubensprüfung ablegen. So wollte die Stadt, die gerade erst selbst zum lutherischen Glauben konvertiert war, „rein" bleiben. Der Zuzug der niederländischen Familien erwies sich als Glücksfall. Er sorgte für einen spürbaren Aufschwung des Textilhandels. Die von den neuen Einwohnern 1585 gegründete „Niederländische Armencasse" war die erste Wohlfahrtsstiftung der Stadt und existiert bis heute.

6 **Franzosen prägten Hamburg mehr, als heute bekannt ist.**

„Wenn es in London regnet, spannen die Hamburger ihre Regenschirme auf.“ Mit diesem Spruch wird häufig auf die enge Beziehung der Hansestadt zu Britannien verwiesen. Was hingegen nahezu vergessen ist: die spezielle Beziehung Hamburgs zum lange als „deutscher Erbfeind“ angesehenen Frankreich. Die Französische Revolution von 1789 und ihre Folgen veränderten in Hamburg viele Dinge für immer. Bürgerlich gesinnte Promis wie der Kaufmann Georg Heinrich Sieveking (1751–1799) begrüßten den Aufstand der Franzosen gegen ihre adligen Unterdrücker. Nicht nur mit warmen Worten, sondern mit richtig viel Pomp: Am ersten Jahrestag der Erstürmung der Bastille schmiss Sieveking in Harvestehude eine Freiheitsparty, die sogar in Paris für Schlagzeilen sorgte. Anwesend waren unter anderem der berühmte Schriftsteller Friedrich Gottlieb Klopstock und Benimm-Papst Adolph Freiherr von Knigge. Je blutiger die Revolution in Paris wurde, desto mehr Franzosen kamen nach Hamburg. Sie suchten und fanden politisches Asyl. In der freigeistigen Elbmetropole schufen sie ihr Klein-Paris.

LE
SPECTATEUR
DU NORD,
JOURNAL
POLITIQUE, LITTÉRAIRE
ET MORAL.
JANVIER 1797.
A HAMBOURG,
chez Pierre François Fauche,
Imprimeur et Libraire.

Selbstbewusst brachten sie ihre Kultur mit und beeindruckten ihre Gastgeber. So gab es beispielsweise ein französisches Theater und gleich zwei französische Tageszeitungen: den „L'Abeille du Nord“ und den „Spectateur du Nord“. Einem Franzosen verdankt Hamburg auch eine bis heute existierende Institution: Augustin Lancelot de Quatre Barbes eröffnete 1799 den ersten Alsterpavillion. Er gilt als erste Eisdiele Deutschlands.

Eisenbahn

Defekten Klimaanlagen, kaputten Heizungen, sagenhaften Verspätungen, pampigen Schaffnern und einer aberwitziger Preisstruktur zum Trotz: Die Bahn ist aus dem modernen Alltag nicht mehr wegzudenken. Eine echte Liebesbeziehung?!

1 Hamburgs erster offizieller Eisenbahnzug fuhr mit einer riesigen Verspätung los.

Alles war wunderbar vorbereitet und eine ganze Stadt freute sich auf eine große Feier. Nach etwas mehr als fünf Jahren voller Pläne und Bauarbeiten, zahllosen Enteignungen und vielen Diskussionen sollte Ende April 1842 der erste Zug auf der neuen Strecke von Hamburg nach Bergedorf fahren. Doch das große Tamtam fiel aus. Erst mit einer gehörigen Verspätung von zehn Tagen ging es am 6. Mai los. Schuld war – man mag es kaum glauben – nicht die Bahn selbst. Der große Stadtbrand, der wenige Tage zuvor wütete, ließ für eine Einweihungsparty keine Zeit. Andererseits zeigte das moderne Verkehrsmittel schon während der großen Katastrophe seine Stärke. Auf der noch nicht offiziell übergebenen Strecke brachte man Menschen und Güter in Sicherheit.

2 **Hamburg hatte lange keinen überregionalen Bahnanschluss.**

Schuld am späten Bau von Fernverbindungen waren Hamburgs Nachbarstaaten. Sie verzögerten ganz bewusst den Bau von Gleisen Richtung Hamburg. Damit wollten sie verhindern, dass die Hansestadt wirtschaftlich noch stärker wird. So gab es beispielsweise schon 1831 konkrete Pläne, eine Verbindung nach Lübeck zu schaffen. Die Dänen als Landesherren von Holstein, durch deren Gebiet die Gleise führen sollten, stemmten sich allerdings erfolgreich dagegen und bauten stattdessen die Strecke Kiel–Altona. Ganze 34 Jahre mussten die Hamburger und Lübecker verhandeln, bis ihr Traum wahr werden konnte. Hamburgs erste überregionale Verbindung war da bereits in Betrieb. 1846 rollte der erste Zug nach Berlin. Die Jungfernfahrt dauerte 9 Stunden und 15 Minuten. Heute braucht ein ICE auf den gleichen Gleisen nur 90 Minuten. Trotzdem war die Fahrt mit einer durchschnittlichen Reisegewindigkeitkeit von rund 40 km/h für damalige Verhältnisse enorm schnell. Eine Postkutsche brauchte fast sechsmal so lange. Den Bau der Berliner Linie ermöglichte erst ein komplizierter internationaler Staatsvertrag zwischen Preußen, Dänemark, Mecklenburg-Schwerin und den beiden Hansestädten Hamburg und Lübeck.

3 **Von Altona nach Hamburg zu fahren, war früher eine komplizierte Sache.**

Die Hamburg-Altonaer-Verbindungsbahn ist eine der wichtigsten innerstädtischen Linien, ohne die der Bahnverkehr in Hamburg kaum fließen könnte. Dabei ist die Strecke erst relativ spät entstanden. Wegen der Eifersüchteleien zwischen den beiden Gemeinden gab es auch 1856 noch keine Bahnverbindung. Reisende und Güter, die beispielsweise aus Kiel kamen und nach Berlin wollten, mussten in Altona auf Pferdekarren umsteigen und dann nach Hamburg fahren. Da insbesonders die Ostseebahn unter der schlechten Anbindung litt, forcierten die Dänen 1866 den Bau der Verbindungsbahn. Deren Gleise waren ursprünglich auf der normalen Straße verlegt. Um Unfälle zu vermeiden, trottete jedem Zug ein Wächter mit einer Glocke und einer roten Fahne voran.

4 Hamburgs Hauptbahnhof ist der meistgenutzte Deutschlands.

450.000 Reisende drängeln sich dort täglich auf den Bahnsteigen und in der Wandelhalle. Der Massenansturm war einst auch einer der Gründe für seinen Bau. Das imposante Gebäude aus dem Jahr 1906 ersetzte zahlreiche Kopfbahnhöfe der hier endenden Linien. Ursprünglich sollte der Hauptbahnhof im Jugendstil errichtet werden. Da Preußen den Bahnhof bezahlte und Kaiser Wilhelm II. den Entwurf „scheußlich" fand, entstand er in der jetzigen Form.

5 Der größte Rangierbahnhof Europas befindet sich in Maschen.

Direkt an der Landesgrenze zwischen Hamburg und Niedersachsen liegt ein wahres Eisenbahnerparadies: Rund 1.000 Weichen und 300 Kilometer Gleise sorgen im Rangierbahnhof Maschen für einen reibungslosen Verkehr. Die Anlage, die nur von einer etwas größeren in den Vereinigten Staaten übertroffen wird, ersetzte ab 1975 die vielen innerstädtischen Rangierbahnhöfe Hamburgs. Vor allem Container aus dem Hafen werden hier verschoben.

6 Ein Hamburger baute den seinerzeit schnellsten Zug der Welt.

Eigentlich war Kaufmannssohn Franz Kruckenberg (1882–1965) ein gelernter Schiffsbauingenieur – doch seine bedeutendste Leistung war kein schwimmendes Wunder, sondern eines auf Schienen. Kruckenberg konstruierte Anfang der 1930er Jahre den sogenannten Schienenzeppelin. Das besondere an dem auch für heutige Verhältnisse utopischen Design war ein riesiger Holzpropeller am Ende des Zuges. Ähnlich wie ein Schiffspropeller sorgte er für gewaltigen Vortrieb. Auf der Strecke Hamburg–Berlin schaffte das futuristische Ungetüm bei einer Testfahrt im Juni 1939 den bis dahin noch nie erreichten Spitzenwert von über 230 km/h. Der mitten in der Nacht aufgestellte Weltrekord blieb Kruckenberg ein Vierteljahrhundert erhalten. Fernziel der Entwicklung der „Flugbahn“ waren vierstöckige Züge. Der Propellerantrieb verursachte jedoch ein ziemliches Problem: Der Zug konnte nicht von sich aus rückwärts fahren. Die weitere Entwicklung verhinderte der Zweite Weltkrieg. Der Prototyp, der den Krieg schwer beschädigt überlebte, wurde 1958 im ostdeutschen Reichsbahn-Ausbesserungswerk Wittenberge verschrottet.

7 Die Geschichte des Transrapids ist eine Geschichte voller Missverständnisse.

Bis 2011 zog ein Transrapid auf einer „Teststrecke" im Emsland seine Runden. Dann wurde die Technologie nach China verkauft. In Deutschland begeisterten sich hingegen nur wenige Technikfans und die Industrie für die Magnetschwebebahn und die milliardenschweren Investitionen. Dabei sollte der „Zug der Zukunft“ Hamburg und Berlin mit einer Reisegeschwindigkeit von über 400 km/h verbinden. Die Fahrzeit zwischen den beiden größten deutschen Städte hätte nicht einmal eine Stunde gedauert. Das war zumindest der Plan in den 1990er Jahren. Geldprobleme und Bürgerproteste führten Anfang 2000 zum Aus der Planspiele. Nahezu vergessen ist, dass in Hamburg sogar schon einmal ein Transrapid fuhr. Zur „Internationalen Verkehrsausstellung“ 1979 wurde eine 908 Meter lange Verbindung zwischen den Messehallen und dem Heiliggeistfeld errichtet. In ihren drei Betriebswochen fuhren etwa 50.000 Besucher mit dem Transrapid. Die Teststrecke war heftig umstritten und ein Omen für die Transrapid-Story: Einwohner der betroffenen Gebiete klagten und gewannen in erster Instanz.

Erfinder

Rund 1.000 Erfindungen melden Hamburger jedes Jahr beim Patentamt an. Nicht alle werden große Erfolge. Andere haben die Welt hingegen für immer verändert.

1 Wer die Currywurst wirklich erfand, ist heiß umstritten.

Hamburg oder Berlin? Das ist die große Frage, wenn es um den wahren Geburtsort der Currywurst geht. Wem die kulinarische Ehre zusteht, ist aus Berliner Sicht klar: der Bundeshauptstadt. Die Charlottenburger Imbissbudenbetreiberin Herta Heuwer (1913–1999) soll im September 1949 als erstes Wesen des Universums Tomatenmark und Curry vermengt und anschließend auf eine Wurst gekleckert haben. Angeblich der Beginn eines Siegeszuges um die ganze (deutsche) Welt. Die Berliner stürmten jedenfalls ihren Laden, so dass dort zeitweise über ein Dutzend Verkäuferinnen gleichzeitig mixte und schmadderte. Am historischen Ort erinnert heute eine Gedenktafel („Ihre Idee ist Tradition und ewiger Genuss!“) an die geschichtliche Großtat. Einige Hamburger halten das für typischen Berliner Größenwahn. Sie vertrauen eher dem Schriftsteller Uwe Timm, der in seinem 1993 erschienenen Roman „Die Entdeckung der Currywurst“ das Leben einer Hamburger Imbiss-Verkäuferin beschreibt, die die spezielle Wurst erfand. Fiktion oder Realität? Timm schwört, er habe bereits 1947, also zwei Jahre vor Heuwers Idee, eine Currywurst verputzt. In Hamburg!

2 Aus Hamburgs Wunderwerkstatt stammen Pflaster, Cremes und Klebestreifen.

Für innovative Hamburger Produkte steht eine Firma ganz besonders: die Beiersdorf AG. Namensgeber und Gründer war der Apotheker Paul Carl Beiersdorf (1836–1896). Zusammen mit einem Hautarzt entwickelte er 1882 das erste Heftwundpflaster der Welt. Die geniale Idee bestand darin, Pflaster und Wundsalbe zu kombinieren. Seitdem wurden allein im Hamburger Werk mehr als 16 Milliarden Meter Pflaster produziert. Ein privates Unglück warf den erfolgreichen Tüftler Beiersdorf jedoch aus der Bahn. Sein ältester Sohn beging Suizid, da er befürchtete, in der Schule sitzen zu bleiben. Zunehmend in Depressionen fallend, verkaufte Beiersdorf seine Firma an den Unternehmer Oscar Troplowitz. Doch damit war Beiersdorfs Pech nicht beendet. Durch Immobilienspekulanten um sein Vermögen gebracht und vollkommen verarmt, scheiterte schließlich sogar der Versuch, mit einer kleinen Apotheke ganz von vorn zu beginnen. Der tragische Erfinder Beiersdorf setzte seinem Leben daraufhin selbst ein Ende. Sein altes Unternehmen florierte hingegen. Mit Neubesitzer Troplowitz stieg es zu einem Global Player auf. Unter dem Markennamen Labello brachte die Hamburger Firma 1909 den ersten Lippenpflegestift auf den Markt. Zwei Jahre später folgte die erste Feuchtigkeitscreme der Welt. Mit ihrem Verpackungsdesign setzte Nivea noch heute gültige Maßstäbe. In einer eigenen Liga spielt auch der 1936 in den Handel gekommene „Beiersdorf-Kautschuk-Klebefilm“. Die Hamburger Erfindung ist heute besser bekannt unter dem Namen Tesa-Film.

3 Überraschung: Das Dynamit wurde in Hamburg erfunden.

Und zwar von niemand Geringerem als Alfred Nobel (1833–1896). 1865 gründete der schon weit herumgekommene Schwede zusammen mit einigen Hamburger Kaufleuten die „Alfred Nobel und Co. Hamburg Aktiengesellschaft". Ihren Geschäftssitz nahm die Firma in der Altstadt, Fabrikräume schuf man in Krümmel. Nobels Firma sollte hochexplosives Nitroglyzerin herstellen. An dem Sprengstoff gab es damals besonders hohen Bedarf. Allerdings war er nur schlecht zu transportieren. Der geschäftige Tüftler Nobel baute deshalb an vielen verschiedenen Orten Fabriken auf. Die Hamburger Filiale sollte aber schon bald eine ganz besondere Rolle spielen. Nobel, der in der Hansestadt wohnte, suchte nach einem „sicheren" Sprengstoff. Wie nötig das war, bewies das Schicksal der Fabrik in Krümmel. Sie explodierte bald nach ihrer Eröffnung und musste neu errichtet werden. Um keinen zu gefährden, experimentierte Nobel nicht mitten in der Stadt, sondern auf einem Floß auf der Elbe. Am Flussufer stieß er zufällig auf die Lösung seines Problems: Kieselgur. Die versteinerten Algen binden Nitroglyzerin und ermöglichen so einen ungefährlichen Transport. 1867 erhielt Nobel für seine Erfindung ein Patent. In Krümmel, der ersten Dynamitfabrik der Welt, begann die Produktion auf Hochtouren. Nachdem die Geschäfte prächtig liefen, zog Nobel 1873 von Hamburg nach Paris. Richtig glücklich wurde der Multimillionär allerdings nicht. Er verzweifelte am kriegerischen Gebrauch seiner Erfindung und stiftete daher den Nobelpreis. Als Wiedergutmachung an die Menschheit.

4 Ein Beinahe-Unfall führte zur Erfindung der Schwimmflügel.

Dem Hamburger Bernhard Markwitz (1920–2000) verdanken wahrscheinlich unzählige Kinder ihr Leben. Der Rettungsschwimmer und Tüftler erfand 1964 die Schwimmflügel, wie sie heute weltweit im Einsatz sind. Mehr als 150 Millionen Paar verkaufte allein seine Firma – Nachahmer-Produkte kommen hinzu. Auslöser für seine Beschäftigung mit Schwimmhilfen war eine Beinahe-Katastrophe. Markwitz' kleine Tochter fiel in einen Goldfischteich und konnte nur knapp gerettet werden. Zum Unglück gesellte sich wenig später Glück: Markwitz gewann 250.000 Mark im Lotto. Mit dem Startkapital im Rücken konnte er nun seine Idee im großen Maßstab umsetzen. Zunächst experimentierte er mit Schläuchen eines Kinderrollers. Sie waren jedoch zu schwer und erzeugten zu wenig Auftrieb. Der Durchbruch kam mit einem relativen neuen und leichten Werkstoff: PVC.

5 Aus purer Lust und Laune durch Ozeane zu kreuzen, ist „Made in Hamburg".

Das Vorstandsmitglied der HAPAG Albert Ballin (1857–1918) erfand die Kreuzfahrt. Seine Firma verdiente ihr Geld eigentlich mit Auswanderern Richtung Amerika. Weil die Atlantik-Passage im Winter wegen des schlechten Wetters viel zu schwierig war, blieben die Schiffe anfangs im Hamburger Hafen. 1891 sah Ballin das nicht länger ein und schickte während der Saure-Gurken-Zeit die „Augusta Victoria", damals eines der größten Passagierschiffe, gen Süden.
Die erste Kreuzfahrt der Welt führte für zwei Monate von Hamburg aus unter anderem nach Gibraltar, Kairo, Istanbul, Neapel und Lissabon. Von vielen Häfen aus unternahmen die 241 Passagiere mehrtägige Landpartien. Zum Beispiel nach Damaskus, Athen und Rom.

Fischerei

Hamburger gelten als Fischköppe. Weißwurstbirnen, Saumagenschädel und Kloßrüben aufgepasst: Das ist keine Beleidigung! Es gilt das Wort der drei Weisen von „Fettes Brot“: „Die im Süden essen Stäbchen und wir essen Lachs.“

1 Hafengeburtstag ist eigentlich auch Fischereigeburtstag.

Jedes Jahr rund um den 7. Mai feiern die Hamburger ganz groß Hafengeburtstag. Kein Wunder: Dem Hafen verdankt die Stadt ihre enorme wirtschaftliche Kraft und – ganz grundsätzlich und ohne Übertreibung – ihre internationale Bedeutung. Anlass für das jährliche Treiben, das auch als größtes Hafenfest der Welt gilt, ist ein Freibrief Kaiser Friedrich I. (1122–1190). Der in die Geschichte unter dem Namen Barbarossa eingegangene Herrscher sicherte den Hamburgern und ihren Schiffen 1189 Zollfreiheit auf der Elbe Richtung Nordsee zu. Das schuf die Voraussetzung für den Boom des Hamburger Hafens. Was bei der heutigen Hafenfestfeierei meist vergessen wird: Der Freibrief gewährte der Stadt auch wichtige Fischereirechte. Deshalb gilt die Urkunde gleichzeitig als Beginn der legalen Fischerei in Hamburg. Heute ist die Stadt eines der wichtigsten deutschen Zentren im Fischhandel. Rund 36.000 Tonnen Fisch und Meeresfrüchte wechseln pro Jahr im Hamburger Großhandel den Besitzer. Da ist dann eigentlich auch egal, das Barbarossas Freibrief von 1189 möglicherweise nur eine Fälschung von 1265 ist.

2 In Hamburgs Gewässern tummeln sich über 90 Fischarten.

Von A wie Aal bis Z wie Zope ist so ziemlich alles dabei, was sich das Anglerherz so wünscht. Die 16.000 Hamburger, die einen Angelschein besitzen, scheinen sich darüber zu freuen. Viele von ihnen sind in den 83 Angelvereinen der Stadt organisiert. Sie sollten trotzdem vorsichtig sein: Ein Verzehr der in der Elbe gefangenen Fische ist nicht komplett unbedenklich. Behörden empfehlen, nicht mehr als ein bis zwei Kilogramm pro Monat zu essen. Die muss man erst mal an der Angel haben.

3 Hamburg ist seit über 350 Jahren ein Zentrum der Fischforschung.

Der Hamburger Arzt Stephan Schonefeld schrieb 1624 ein bahnbrechendes Buch über die Fische von Elbe, Nord- und Ostsee. In ihm sind einige schöne Holzstiche enthalten. Wer sich lieber tote Fische in echt anschaut, ist bei der Uni Hamburg an der richtigen Adresse. Sie besitzt eine der weltweit besten Fischsammlungen mit mehr als 1.300 unterschiedlichen Typen.

4 Deutschlands erste Hochseefischereiflotte war in Blankenese stationiert.

Sie entstand ab 1710 im damals noch selbstständigen Elbort. Unter Obhut der dänischen Krone trauten sich die Blankeneser mit speziellen Booten, den sogenannten Ewern, besonders weit aufs Meer hinaus. Dieser Tradition folgend gab es Mitte des 19. Jahrhunderts in Blankenese sogar mehr Reedereien als in der großen Nachbarstadt Hamburg.

5 Hamburg und Altona waren einst weltweite Walfang-Hochburgen.

Wegen seiner andauernden Jagd auf Wale steht Japan heute weltweit unter enormem Druck. Internationale Proteste und verwegene Aktionen von Walschützern nützen relativ wenig. Die asiatische Nation pocht auf ihr vorgebliches Recht, die größten Säugetiere der Welt zu jagen. Auch wenn im Land kaum noch jemand Walfleisch essen mag. Vorgeschobene Forschungsinteressen machen die Situation nicht glaubwürdiger. Das Ritual der Waljagd stößt laut Umfragen die meisten Deutschen ab. Sie ist ihnen komplett fremd. Doch das war nicht immer so. Hamburg und das lange eigenständige Altona gehörten im 17. Jahrhundert zu den größten Walfang-„Nationen" der Welt. Allein die Altonaer brachten zwischen 1670 und 1679 4.000 Tiere zur Strecke. Die Hamburger haben in ihrer gesamten Jagdzeit mehrere zehntausend Wale harpuniert. Hauptfanggebiete waren die Küsten vor Grönland. Die Kolosse der Meere wurden nicht wegen ihres nahezu ungenießbaren Fleisches getötet, sondern nur, um aus ihren dicken Speckschichten Öl auszukochen. Der sogenannte Tran war ein begehrter Brennstoff, zum Beispiel als Lampenöl. Am Altonaer Elbufer gab es zahlreiche Trankochereien. Der Gestank, den sie verbreiteten, war unerträglich. Das Ende des Hamburger und Altonaer Walfanges hatte nichts mit Einsehen zu tun, sondern war nur äußeren Umständen geschuldet. Während der Napoleonischen Kriege kam es zwischen 1806 und 1814 zur sogenannten Kontinentalsperre. Sie machte eine freie Schifffahrt nahezu unmöglich. Nachdem die Blockade gefallen war, kam der Walfang nicht wieder zu seiner vollen Blüte. Endgültig Schluss war nach dem Zweiten Weltkrieg. Die Westalliierten erlaubten der jungen Bundesrepublik keine Waljagd mehr.

6 Zwischen Hamburg und Altona kam es regelmäßig zu Fischstreiten.

Der ständige Zank um Markt- und Fangrechte erinnert an den Fischhändler der Asterix-Comics. Bei vorsichtigen Nachfragen zur Frische seines Angebotes greift er zu Teilen der Auslage und knallt sie dem Zweifler beherzt um die Ohren. Ähnlich entschlussfreudig und emotional agierten auch Hamburg und Altona. Beide Orte besaßen schon Mitte des 14. Jahrhunderts eigene Fischmärkte. Der Altonaer wurde schließlich 1703 an seinen heutigen Standort verlegt. Der Hamburger, der zunächst in der Altstadt lag, zog 1861 nach St. Pauli – nur einen Fischkadaver-Wurf vom Altonaer entfernt. Mit Zunahme des Handels dehnten sich beide Märkte aus und kamen sich immer näher. Angesichts dieser Situation gaben die Altonaer schließlich „Butter bei die Fische" und knallten den Hamburgern 1894 ihre Fischauktionshalle direkt vor Stadtgrenze und Fischmarkt. Nicht nur das: Sie revolutionierten eben mal den Fischhandel, indem sie nach englischem Muster Versteigerungen einfuhrten. Das wollten sich die Hamburger nicht bieten lassen. Drei Jahre später besaßen sie ihrer eigene Auktionhalle – in Rufweite der Altonaer. Wie stark die Eifersüchteleien waren, zeigt der im Jahr 1900 eingeweihte Altonaer Stuhlmann-Brunnen. Er symbolisiert den ständigen Kampf. Dargestellt ist ein Handgemenge zweier Zentauren um einen Fisch, wobei einer unterliegt. Aus Altonaer Sicht natürlich der Hamburger. Auf lange Sicht gewannen die Altonaer tatsächlich. 1934 vereinigten sich beide Märkte. Die direkte Konkurrenz war damit passé. Trotzdem freuten sich einige alte Altonaer 1971, als die Hamburger Fischhalle abgerissen wurde. Die Altonaer blieb und ist heute ein Wahrzeichen für die ganze Stadt.

Fußball

Zugegeben: Der FC Bayern München gewann bisher die meisten Bundesliga-Titel. Aber nur ein einziger Klub ist seit Gründung der Liga ununterbrochen erstklassig: der Hamburger Sportverein. Und Weltpokalsiegerbesieger FC St. Pauli ist sowieso konkurrenzlos toll.

1 Noch nie war Fußball derart populär wie in diesen Tagen.

Ein Blick in die Statistik zeigt, dass König Fußball auch in Hamburg vollkommen zu Recht seine Krone trägt. Zumindest dann, wenn man davon ausgeht, dass Turnen und Gymnastik die Königinnen sind. In den 168 Fußballvereinen der Stadt sind insgesamt rund 136.000 Mitglieder aktiv. Damit liegt der Mannschaftssport auf Platz zwei der beliebtesten Disziplinen. Wie sehr die Sportart boomt, verdeutlicht ein Vergleich mit den Zahlen von 1990. Damals gab es gerade mal etwas mehr als 40.000 Fußballvereinsmitglieder. Trifft hier also die Warnung Winston Churchills zu, wonach man keiner Statistik trauen soll, die man nicht selbst gefälscht hat? Nicht ganz: Das Geheimnis der exorbitanten Steigerung liegt darin, dass seit einigen Jahren auch die sogenannten Supporters – also Fangruppen – hinzugezählt werden. Allein der Supportersclub des HSV hat mehr als 54.000 Mitglieder. Olé! Olé! Olé!

2 Engländer brachten das Fußballfieber nach Hamburg.

Auf einer Wiese am Dammtor passierte um 1875 Merkwürdiges. Englische Herren bolzten sich gegenseitig einen Ball zu und nannten das ganze „Football". Zur Ausübung ihres Hobbys gründeten sie 1881 sogar einen richtigen deutschen Verein – den „Anglo-American Football-Club Hamburg". Bald steckten sich einheimische Jungs mit dem Fußballvirus an. Begeistert eiferten sie den Engländern nach. Was heute verständlich ist, löste damals großen Ärger aus. Die Spieler wurden offen angepöbelt. Ihr Sport galt als „undeutsch". In Zeiten eines überbordenden wilhelminischen Nationalismus eine schwere Sünde. Es dauerte daher noch ein gutes Jahrzehnt, bis die ersten deutschen Fußballvereine entstanden. Sie hatten dann staatstragende Namen wie „Germania".

3 Hamburgs erstes Fußballmatch fand auf einem Schulhof statt.

Am 3. Dezember 1876 spielten zwei Schülermannschaften des Johanneums gegeneinander. Ihre selbst aufgestellten Regeln glichen jedoch eher dem heutigen Rugby. So durfte „der Ball mit der Hand aufgehalten, aber nur mit dem Fuß weitergetrieben werden". Ein mit den Händen gefangener Ball konnte sogar per Hand Richtung Tor befördert werden. Aus heutiger Sicht komplett gewöhnungsbedürftig waren die Namen der Spieler. Neben „Kapitän" und „Goal-Keeper" gab es eine „Leichte Brigade" und „Bulldoggen". Erstere wurde von „drei Führern befehligt". Mit eindeutiger Regel: „Bei Spielern der Leichten Brigade ist unbedingter Gehorsam gegen ihre Führer erforderlich." Relativ frei konnten sich die „Bulldoggen" bewegen. Sie sind mit heutigen Stürmern vergleichbar. Trotz des treudeutschen, militärischen Gehabes blieb die Partie im Johanneum eine von wenigen. Die Schulleitung verbot das Fußballspielen.

4 Altona war Austragungsort der ersten Deutschen Fußballmeisterschaft.

Am Pfingstsonntag 1903 traten der VfB Leipzig und der Deutsche Fußballclub Prag zum ersten Finalspiel an. Die Umstände der Partie unterschieden sich deutlich vom heutigen Profifußball. Der Austragungsort, die Altonaer Exerzierweide, musste vom ausrichtenden FC Altona zunächst einmal fußballtauglich gemacht werden. Nachdem Club-Chef Franz Behr mit Sägespänen ein Spielfeld markiert und von den etwa 2.000 Zuschauern das Eintrittsgeld per Hut kassiert war, stürzte er sich in die Schiri-Kluft, um das Spiel selbst zu pfeifen. Da kein spielfähiger Ball vorhanden war, ging es 45 Minuten später los. Am Ende schlug Leipzig die Prager mit 7:2.

5 Wilhelmsburg ist eine Wiege des deutschen Frauenfußballs.

Am Neujahrstag 1968 begann die norddeutsche Frauenfußball-Revolution. In Wilhelmsburg lieferten sich „Eintracht Kopftuch“ und „United Strumpfhose“ ein Match, das es nach Willen des Deutschen Fußballbundes gar nicht geben durfte. Die beiden Frauenmannschaften mit den spaßigen Namen verstießen bewusst gegen ein Verbot des stockkonservativen Verbandes. Schon 1955 hatten Hamburger Mädels um Anerkennung eines Damenvereins gebeten. Die Funktionäre saßen das weibliche Ansinnen einfach stur aus. Der gesellschaftliche Umbruch machte das bald unmöglich. 1970 fiel das seltsame Verbot, dessen Ursprung im NS-Staat lag.

6 Das seltsamste Spiel zweier Hamburger Mannschaften fand auf Helgoland statt.

Die Helgoländer waren richtig stolz auf die neue Errungenschaft: Zur Einweihung ihres neuen Fußballplatzes luden sich die Inselkicker vom TV Fosite im Juli 1924 zwei Gastmannschaften aus dem fernen Hamburg ein. Was als würdige Eröffnung geplant war, entwickelte sich zum kuriosesten Spiel der Hamburger Fußballgeschichte. Bei der Partie zwischen Altona 93 und dem SC Victoria kam es plötzlich zu einem Erdrutsch. An der Mittellinie entstand ein Krater und verschluckte den Spieler Karl Hartmann. Nachdem er aus dem Loch gezogen und selbiges wieder zugeschüttet war, ging das Spiel weiter.

7 Nicht nur „Uns Uwe“: Die Seelers sind Hamburgs berühmteste Fußballfamilie.

Seine beispiellose Treue zu Hamburg und dem HSV machte Uwe Seeler schon früh zur Fußballlegende. Dabei gerät meist aus dem Blick, dass Uwe Teil einer echten Fußballerfamilie ist. Auch Bruder Dieter spielte als Profi beim HSV und Vater Erwin Seeler (1910–1997) war einer der bekanntesten deutschen Kicker. „Old Erwin“ begann beim Arbeitersportverein SC Lorbeer 06 und wechselte 1932 – was damals ein echter Skandal war – zum als bürgerlich verschrienen Verein SC Victoria. Klassenkämpferisch warf eine SPD-Zeitung dem Arbeiterjungen deshalb einen „Hochmutsfimmel“vor.

Geld & Münzen

Seit 2008 ist Hamburgs Michel auf vielen Zwei-Euro-Münzen zu sehen. Die Sonderedition mit dem Wahrzeichen entstand, weil die Hansestadt damals den Vorsitz im Bundesrat innehatte.

1 Die „Hamburgische Münze“ ist die älteste deutsche Prägeanstalt.

Auch weltweit ist sie mit ihrer über tausendjährigen Geschichte zweifellos rekordverdächtig. Erste Hamburger Prägungen sind schon für das Jahr 834 belegt – in der legendären Hammaburg. Besonders bedeutend für die Geldgeschichte der Stadt ist das Jahr 1325. Der Senat kaufte vom holsteinischen Grafen das Recht, eigene Münzen prägen zu dürfen. Ein Privileg, dass die Hamburger fortan kräftig nutzten. Heute stammt jede fünfte deutsche Euromünze aus der Hansestadt. Lokalpatrioten aufgepasst: Wer nur mit Euros „Made in Hamburg“ zahlen möchte, sollte darauf achten, dass ein großes „J“ auf der Münzrückseite prangt. Mit diesem Buchstaben werden seit 1875 alle in Hamburg geprägten Zahlungsmittel versehen.

2 Deutschlands älteste Privatbank hat ihren Sitz in Hamburg.

Seit 1590 betreibt das Bankhaus Berenberg von Hamburg aus seine Geschäfte. Die Gründer Hans und Paul Berenberg kamen als Flüchtlinge nach Hamburg, da sie wegen ihres protestantischen Glaubens in Antwerpen verfolgt wurden. Bereits 100 Jahre später zählten ihre Nachkommen zu den angesehensten Bürgern der Stadt. Ein hart erarbeiteter Ruhm: Ursprünglich als Handelshaus für Stoffe und Textilien gegründet, wandelte sich das Unternehmen mehr und mehr zu einer Bank. Die Berenbergs kümmerten sich bald ausschließlich um die Finanzierung von Geschäften anderer Hamburger Kaufleute. So gehörten sie unter anderem zum Gründerkreis renommierter Unternehmen wie der HAPAG und des Norddeutschen Lloyd. Auch international engagierte sich das Bankhaus stark. Die Svenska Handelsbanken und die HSBC entstanden mit entscheidender Beteiligung aus Hamburg. Mittlerweile verwalten die Privatbankiers an 18 internationalen Standorten ein Vermögen von über 26 Milliarden Euro. Und noch eines macht Berenberg nahezu einzigartig: Die Gründerfamilie besitzt bis heute knapp 25 Prozent des Unternehmens.

3 Deutschlands umsatzstärkster Geldautomat steht in Hamburg.

Spontan würde sicherlich die Mehrheit der Deutschen vermuten, dass der meistbeschäftigte Geldautomat der Republik irgendwo südlich des Weißwurstäquators zu finden sei. Immerhin spuckt die Maschine die fantastische Summe von 17 Millionen Euro aus. Im Monat – nicht im Jahr! Steht er vielleicht in einer Villengegend am Starnberger See? Oder doch etwas nördlicher im geschäftigen Frankfurter Börsenviertel? Weit gefehlt: Der Dauerstress-Automat werkelt in Hamburg. Nicht etwa im Klischeestadtteil Blankenese, sondern – Überraschung! – auf St. Pauli. Der HASPA-Automat steht direkt gegenüber der Davidwache. Und noch etwas erstaunt: Kunden heben durchschnittlich 840 Euro ab! Mmmhh ... wofür das ganze Geld wohl draufgeht? Auf dem Kiez?!?

4 Schon im Mittelalter setzte Hamburg auf eine gemeinsame Währung.

Unter kräftiger Hamburger Mithilfe schlossen sich 1379 die wichtigsten norddeutschen Handelsstädte zu einer Art Hanse-Euro zusammen. Zum sogenannten „Wendischen Münzverein" gehörten neben Hamburg auch Lübeck, Lüneburg und Wismar. Später traten Rostock, Stralsund und Hannover bei. Mit dem Zusammenschluss sollte der Wert der unterschiedlichen Münzen vergleichbarer werden. Die Zugehörigkeit zum Verein wurde auf den Geldstücken durch einen sechsstrahligen Stern in der Mitte eines Kreuzes symbolisiert. Wie anziehend die Idee des „Hanse-Euros" gewesen sein muss, zeigt der Umstand, dass auch andere Städte in Mecklenburg, Pommern und Holstein das Symbol nachahmten – ohne dass sie jemals Teil des Systems waren.

5 Allein für seine Kaufleute erfand Hamburg eine eigene Währung.

Im Jahr 1619 kam es zur monetären Doppelrevolution: Obwohl viele Bürger zunächst dagegen waren, gründete der Senat die „Hamburger Bank" – die erste deutsche Girobank. Gleichzeitig führte er eine neue Währung, die „Mark banco", ein. Damit reagierten die Ratsherren auf eine chaotische Währungsvielfalt und die krasse Entwertung vieler Münzen durch ständiges Neu- und Umprägen. Das Besondere an der Mark banco: Sie war eine reine Rechenwährung und existierte nur virtuell auf Girokonten. Durch reale Silberbarren gedeckt, verlor sie praktisch keinen Wert. 256 Jahre funktionierte das System perfekt. Die Mark banco galt als eine der härtesten Währungen der Welt – für Hamburgs Kaufleute ein echter Standortvorteil. Erst 1875 wurde sie abgeschafft.

6 Portugaleser sind eine besondere Hamburger Münzart.

Nach dem Vorbild besonders großer portugiesischer Goldmünzen werden sie seit über 400 Jahren geprägt. Die ältesten stammen bereits aus der Zeit vor 1590. Die Verehrung der ausländischen Münzform ging sogar so weit, dass auf der einen Seite Hamburger Insignien wie das Stadtwappen prangen und auf der anderen das portugiesische Kreuz zu sehen ist. Ab Mitte des 19. Jahrhunderts waren Portugaleser kein Zahlungsmittel mehr. Sie entstanden nun als Gedenkmedaillen. Auch heute gibt es sie: als Verdienstmedaillen. Aber nicht in Gold, sondern in Silber und Bronze.

7 Rumpöbeln auf Geldscheinen ist nicht die feine Hamburger Art.

Aber ganz offensichtlich die der Dörfer Finkenwerder und Altenwerder! Während der Wirtschaftskrise 1921 brachten die beiden damals noch selbstständigen Orte Notgeld heraus. Auf den Scheinen wetterten sie kräftig gegen den großen Nachbarn Hamburg und eine drohende Zwangsvereinigung. Die Hansestadt wurde als gierige Hand oder fette Kröte dargestellt. Dazu gab es böse Sprüche wie „Groot Hamborg will gern öbersnappen, uns Inseln as nen fetten Happen“. Besonders hilfreich war das Ganze nicht. Trotz Rumpöbelei gehören beide Orte heute zu Hamburg.

Hanse

Hamburgs Autokennzeichen macht es für alle deutlich: Die Stadt ist und bleibt auf ewig eine Hansestadt. Auch wenn es die namensgebende Institution schon lange nicht mehr gibt.

1 Kaum eine andere Hansestadt war so bedeutend wie Hamburg.

Über 300 zumeist nordeuropäische Städte gehörten einst zum mittelalterlichen Handelsbund. Neben Hamburg und weithin bekannten Orten wie Lübeck, Lüneburg und Greifswald schlossen sich auch viele mittlerweile in Bezug auf die Hanse eher unbekannte Orte an. Zum Beispiel die altmärkischen Städte Salzwedel, Stendal und Werben. Aber auch Köln, Magdeburg und selbst Buxtehude sind historische Hansestädte. Obwohl man en détail weiß, welche Mitglieder sie hatte, ist das genaue Gründungsdatum der Hanse nicht zu rekonstruieren. Einige Geschichtswissenschaftler sehen einen 1241 zwischen Lübeck und Hamburg geschlossenen Vertrag als Beginn an. Sie begründen das mit der eindeutigen Vormachtstellung, die die beiden Handelsstädte im Bund einnahmen. Zusammen mit Bremen verwalteten die Hamburger und Lübecker nach dem Ende der Hanse im Jahr 1669 das gemeinsame Erbe weiter, zum Beispiel den Immobilienbesitz in London, Bergen und Antwerpen.

2 Hanseatisches Understatement zwischen Hansestädten.

Obwohl Hamburg eine der wichtigsten Hansestädte war, übernahm sie nur sehr kurz die Führung im Handelsbund. Während der übrigen Zeit besorgte Lübeck die laufenden Geschäfte und galt daher als „Haupt der Hanse". Die vornehme Zurückhaltung der Hamburger wurde nur kurz zwischen 1410 und 1416 aufgegeben. Ursache waren Unruhen in der Schwesterstadt. Die Lübecker spielten Revolution und verjagten ihre Stadtregierung. Erst als die politischen Verhältnisse an der Trave wieder in ruhiges Fahrwasser kamen, gaben die Hamburger das „Hanse-Zepter" zurück an die Ostseestadt.

3 Die Farben der Hamburger Flagge sind kein Zufall, sondern Tradition.

Hamburgs rote Flagge mit seinem weißen Wappen entspricht der klassischen Farbkombination der Hanse. Alle Schiffe, die zum Handelsbund gehörten, trugen an der Spitze des Segelmastes einen rot-weißen Wimpel. So erkannten Piraten schon von Weitem, dass ein Entern böse Folgen haben könnte. Auch andere Hansestädte wie Bremen, Rostock und Wismar haben bis heute diese Farben in ihren Stadtwappen.

4 Wat mut, dat mut: Viele Hamburger Firmen lieben Hansebezüge im Namen.

Das aktuelle Hamburger Telefonbuch verzeichnet 544 Firmen, die sich mit einem der Zusätze „Hanse", „Hansa" oder „Hanseatisch" schmücken. Der Begriff ist rechtlich nicht geschützt und kann deshalb frei verwendet werden. Zudem klingt er natürlich unglaublich seriös. Oder warum gibt es sonst so seltsame Unternehmensnamen wie „Hanse-Agro-Controll" und „Hanseatisches Sarg Depot"?

Inseln

Da Hamburg mittlerweile dicht bebaut ist, gerät die ursprüngliche geographische Lage schnell aus dem Blick: Die Stadt steht auf vielen kleinen und großen Inseln.

1 Es lebe der Superlativ: Wilhelmsburg ist Europas größte bewohnte Flussinsel.

Allerdings gibt es eine klitzekleine Einschränkung: Wilhelmsburg ist in seiner heutigen Form keine natürliche Insel, sondern von Menschenhand geschaffen. Erst durch das Eindeichen der vorher eigenständigen Inseln Stillhorn, Georgswerder und Reiherstieg-Rotehaus entstand das Eiland.

2 Die kleinste bewohnte Insel Deutschlands gehört zu Hamburg, ist aber weit weg.

Die Insel Neuwerk liegt 120 Kilometer vom Stadtzentrum entfernt im Wattenmeer. Verwaltungstechnisch zählt sie zum Bezirk Hamburg-Mitte. Um nach Neuwerk zu gelangen, muss man Hamburg leider verlassen und – Vorsicht! – niedersächsischen oder schleswig-holsteinischen Boden betreten.

3 Das Pleiteland Dänemark verhökerte seine Elbinseln ans clevere Hamburg.

Bis 1768 gehörten die meisten Elbinseln zu Dänemark. Da die Kopenhagener jedoch unter stetem Geldmangel litten, überließen sie sie Hamburg im sogenannten Gottorper Vergleich. Der Vertrag zwischen dem dänischen König und dem Senat der Hansestadt betraf auch zahlreiche andere Gebiete in und um Hamburg. Sie wechselten nun den Besitzer. Neben dem Immobilientauschgeschäft erreichten die Hamburger mit dem Gottorper Vertrag aber noch eine viel wichtigere Sache: Der dänische König, der zugleich Landesherr von Holstein war, erkannte endlich die Selbstständigkeit Hamburgs an. Die sogenannte „Reichsunmittelbarkeit" besagte, dass Hamburg nur dem Kaiser unterstand. Damit war Hamburg ab sofort nicht nur eine Hansestadt, sondern auch eine anerkannte „Freie Stadt". Billig war der gesamte Deal nicht. Hamburg erließ dem Pleiteland Dänemark über 2 Millionen Taler Schulden. Auf lange Sicht trotzdem ein gutes Geschäft: Die Inseln wurden zur Basis für den wirtschaftlichen Aufschwung. Auf ihnen entstanden Werften und Häfen.

4 Wer das alte Hamburg sucht, sollte sich auf Steinwerder umschauen.

Früher hieß Steinwerder Nordersand und war deutlich flacher als heute. Zu Höhe und Namen kam die Insel erst nach dem Stadtbrand von 1842. Die Hamburger nutzten das schmale Elbeiland kurz entschlossen zum Abladen des Steinschuttes abgebrannter Häuser. Steinwerder ist also eine Art Müllhalde.

5 Hamburgs jüngste Insel ist nicht mal 25 Jahre alt.

Innerhalb von fünf Wochen wurde 1989 das im Wattenmeer gelegene Nigehörn geschaffen – mit 1,2 Millionen Tonnen Sand. Aus einem einzigen, aber wichtigen Grund: Weil die benachbarte Insel Scharhörn immer kleiner wird, drohte der Verlust wichtiger Vogelbrutplätze. Nigehörn schaffte wieder Platz.

Kaffee

Ein Start in den Tag ohne Kaffee? Für die meisten ist das unvorstellbar, auch wenn es im ersten Moment nicht lebensbedrohlich sein dürfte. Kaffee ohne Hamburg geht aber nicht!

1 Hamburg ist einer der weltweit größten Kaffeeumschlagplätze.

Arabischer Kaffee gehört schon seit über 300 Jahren als Handelsgut zum Hamburger Hafen. Heute wird pro Jahr rund eine Million Tonnen Rohkaffee umgeschlagen. Damit ist die Hansestadt der größte europäische Kaffeehandelsplatz und versorgt den gesamten deutschen, skandinavischen und osteuropäischen Markt. Ein Drittel der ankommenden Ware verlässt den Hafen nicht, sondern wird auf andere Schiffe umgeladen. Der Rest geht zum großen Teil in die zahlreichen Röstereien der Stadt. Kaffee war einer der wichtigsten Gründe für den Bau der Speicherstadt Ende des 19. Jahrhunderts. In den Lagerhäusern mit ihren perfekten Klimabedingungen können die empfindlichen Bohnen besonders gut aufbewahrt werden. Die sehr enge Beziehung des Kaffees zu Hamburg dokumentiert auch das Hamburger Kaffeemuseum.

2 Deutschlands erste Tasse Kaffee wurde in Hamburg ausgeschenkt.

Gemeinhin gilt Österreichs Hauptstadt Wien als Kaffee-Nabel des deutschsprachigen Kulturraums. Einer Legende zufolge ließen die Osmanen nach ihrer unfreiwillig abgebrochenen Belagerung der Stadt ein paar Säcke Kaffeebohnen zurück, die die neugierigen Wiener dann ausprobierten. Das mag sogar stimmen, doch im hohen Norden schlürfte man schon viel früher Kaffee. Die erste Tasse wurde 1668 im Ratskeller des Hamburger Ratshauses ausgeschenkt. Neun Jahre später entstand an der Trostbrücke dann sogar das erste reguläre Kaffeehaus Deutschlands. Betrieben wurde es ausgerechnet von einem Engländer, der – zur Ehrenrettung sei es erwähnt – auch Tee anbot.

3 Der Senat verbot per Gesetz die beliebte Kaffeesatz-Leserei.

Ein im Januar 1762 veröffentlichtes „Mandat wider das sogenannte Wahrsagen und Caffee-Kucken“ sparte nicht mit wüsten Beschimpfungen fürs gemeine Volk. Unerbittlich und in aller Ausführlichkeit dozierte der Gesetzgeber darin, dass es sich bei der Kaffeesatz-Leserei um eine „offenbare Betriegerey [handele], womit boshafte, gewinnsüchtige Landstreicher die einfältigen und gottesvergessenen Thoren zu hintergehen pflegen“. Da solch ein gotteslästerliches Handeln in einer anständigen christlichen Stadt wie Hamburg nichts zu suchen habe, wurde das abergläubische Treiben kurzerhand verboten. „Wonach ein jeder zu richten und für Unlust, Schimpf und Schande zu hüten hat.“ Für das erfolgreiche Anschwärzen von Kaffeesatz-Lesern versprachen die Behörden sogar 50 Reichstaler Lohn. Damals eine Menge Geld.

4 **Ein Hamburger suchte und fand das Geheimnis des Kaffees.**

Woher hat Kaffee seine belebende Wirkung auf Körper und Geist? Diese Frage stellte sich Dichterfürst Johann Wolfgang von Goethe (1749–1832) laut. Und da der Herr Geheimrat nicht irgendwer, sondern bereits zu Lebzeiten ein echter Superstar war, stürzte sich der in Hamburg geborene Chemiker Friedlieb Ferdinand Runge (1794–1867) umgehend auf ein entsprechendes Forschungsprojekt. Die Mühe lohnte sich. Als erstem Wissenschaftler gelang es Runge 1820, die organische Verbindung 1,3,7-Trimethyl-3,7-dihydro-2H-purin-2,6-dion zu isolieren. Was kompliziert klingt, ist heute weitläufig als Koffein bekannt. Der natürliche Wirkstoff gilt als der weltweit am häufigsten konsumierte pharmakologische Stoff. Seine Konzentration in Kaffeebohnen liegt – abhängig von der Sorte – zwischen 0,5 und 2,5 Prozent. Völlig ausreichend, um nach einer Tasse Kaffee geistig etwa 30 Prozent fitter zu sein. Das haben wissenschaftliche Studien gezeigt. Nimmt man Runge als Beispiel, scheint es durchaus plausibel. Der Kaffeeforscher war ein geistiger Überflieger. Neben dem Koffein entdeckte und beschrieb er noch viele weitere chemische Zusammenhänge. So analysierte er beispielsweise Steinkohlenteer, der damals als Abfallprodukt galt. Runges Untersuchungen zeigten, dass darin zahlreiche wertvolle Rohstoffe enthalten sind. Zum Beispiel Anilin, das dann zur Geschäftsgrundlage der BASF, einem der weltweit führenden Chemiekonzerne, wurde. Auch das Wissen um Stearin und Paraffin geht auf Runge zurück. Der Hamburger nutzte es ganz praktisch: als Gründer der ersten Stearinkerzen-Fabrik.

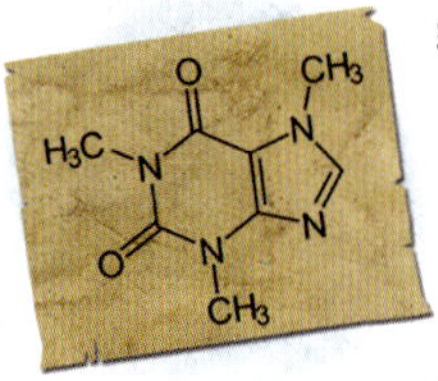

5 **Lieber gemütlich Kaffee trinken als Alkohol saufen.**

Der „Patriotischen Gesellschaft“, die vor allem aus vermögenden Hanseaten bestand, stieß Mitte des 19. Jahrhunderts eine Sache ganz besonders übel auf: billiger Fusel. Hamburgs Arbeiterschaft, die ihre miserable soziale Lage mit jeder Menge Branntwein zu vergessen suchte, sollte abstinent werden. Aus diesem Grund rief die Gesellschaft ein „Comitee für die Errichtung von Volkskaffeehallen“ ins Leben. Ihre Idee: In den Cafés sollten Arbeiter preiswert Essen und Trinken (bis auf Alkohol) bekommen. Im „Wirtshaus der Zukunft“ gab es keinen Verzehrzwang. Innerhalb weniger Jahren entstanden in der Stadt rund 20 sogenannte „Kaffeeklappen“. Hamburgs letzte befindet sich im Hamburger Hafen: die Oberhafenkantine.

6 **„Kaffee zum Gehen“ gab es – natürlich! – zuerst in Hamburg.**

Kaum eine deutsche Innenstadt, in der es nicht zahllose Papp-Kaffee-Becher umherschleppende Menschen gibt.

Eine Menge Anteil am „Coffee to Go“-Boom hat die Hamburgerin Vanessa Kullmann. Während ihrer Zeit in New York begeisterte sie sich am trendigen Lauf-Kaffee-Konzept der Amerikaner und besuchte spontan einen „How to open a Coffee Shop“-Kurs in Seattle. Der war nicht sonderlich tiefschürfend („Das Espresso-Training dauerte genau zwei Minuten“), aber versorgte sie immerhin mit ausreichendem Spezialwissen, um 1998 in den Hamburger Colonnaden ihren ersten Coffeeshop zu starten. Heute ist „Balzac“ ein bundesweites Unternehmen mit rund 60 Filialen in 18 Städten.

Katastrophen

Obwohl Hamburg immer wieder von Katastrophen erschüttert wurde, rappelten sich seine Bewohner jedes Mal auf und erwiesen sich so als echte Stehauf-Männchen.

1 Hamburgs erste große Katastrophe gab es schon vor der Stadtgründung.

Im Jahr 845 überfielen Wikinger in einer für die Einwohner völlig überraschenden Aktion die Hammaburg. Sie kamen über die Elbe und eroberten die Siedlung im Handumdrehen – ohne auf nennenswerten Widerstand zu stoßen. Alte Quellen berichten, dass die Burg nahezu vollständig vernichtet worden sei. Viele Einwohner starben. Bei denjenigen, die den brutalen Angriff überlebten, muss der Schrecken über die wilden Nordmänner offensichtlich tief gesessen haben. Sie flohen 200 Kilometer Richtung Süden und fanden im Weserbergland eine neue Heimat. Die Erkenntnis über den Verbleib der hamburgischen Ureinwohner ist noch relativ frisch. Archäologen fanden 2011 im Mittelgebirgszug Solling Tonscherben, deren Herkunft sie eindeutig mit dem früheren Siedlungsgebiet der Hammaburg identifizierten.

2 Der Schwarze Tod war im Mittelalter ein ständiger Begleiter.

Fast 400 Jahre mussten Hamburger mit einer ständigen Bedrohung leben: der Pest. Bei ihrem ersten und gleichzeitig heftigsten Erscheinen im Jahr 1350 kostete sie jedem zweiten Einwohner das Leben. Die tödliche Seuche kam nahezu über Nacht und wütete mehrere Wochen. Gegenmittel gab es damals keine. Das grausige Spiel wiederholte sich periodisch – in einem zeitlichen Abstand von etwa zehn bis zwanzig Jahren und mit unterschiedlicher Intensität. Wegen der schlechten hygienischen Bedingungen raffte die Seuche vor allem Angehörige der untersten Schichten der städtischen Bevölkerung hin. Die Pest wurde daher als eine Art Armenkrankheit angesehen. Um künftigen Ausbrüchen vorzubeugen, wies man bald zahlreiche Menschen in den sogenannten Pesthof ein. Er lag zunächst bei den Landungsbrücken, wurde jedoch 1606 an den Hamburger Berg verlegt. Die letzte große Pestepedemie nahm Hamburg im Sommer 1713 in den Würgegriff. Innerhalb weniger Monate starben etwa 7.000 Menschen. Eine hohe Zahl, die die Hamburger dennoch als glückliche Fügung betrachteten. Durch drastische Maßnahmen des Rates wurde eine viel höhere Opferzahl verhindert. Entsprechend feierte die Stadt den „glimpflichen“ Ausgang am Neujahrstag 1714 mit großen Dankgottesdiensten und im folgenden März mit einem großen Volksfest. Sogar Gedenkmünzen in Form von Portugalesern wurden geprägt.

3 Nachbarschaftshilfe für Altona war keine Stärke der Hamburger.

Während des Großen Nordischen Krieges, bei dem es vor allem um den Einfluss Dänemarks und Schwedens in Norddeutschland ging, kam es in Altona zu einem Kriegsverbrechen. Im Januar 1713 rückte der schwedische Feldmarschall Graf Magnus Gustafsson Stenbock (1665–1717) mit seinen Truppen in die formal dänische Stadt ein. Dafür gab es nur einen einzigen Grund: Weil Dänen zuvor das formal schwedische Stade zerstört hatten, wollte Stenbock nun an Altona einen erbarmungslosen Racheakt verüben. Er ließ seine Soldaten Haus für Haus anzünden. Vom Altonaer „Schwedenbrand" blieb nur eine einzige Straße verschont. Verschlimmert wurde die Lage durch ein unbarmherziges Verhalten der Hamburger. Die Altonaer konnten während der Katastrophe nicht in die Nachbarstadt fliehen. Die Hansestadt verrammelte ihre Stadttore. Angeblicher Grund: Man wollte sich vor der Pest schützen.

4 Sturmfluten setzen Hamburg seit Jahrhunderten zu.

Die Sturmflut von 1962 hat sich fest in das kollektive Gedächtnis der Hamburger eingebrannt. In der Nacht zum 17. Februar erreichten die Auswirkungen des Orkans Vincinette die Hansestadt. Der außergewöhnlich starke Wintersturm peitschte enorme Wassermengen durch die Unterelbe in Richtung Innenstadt. Dem Druck waren die Deiche, die teilweise noch kriegsbeschädigt und nur notdürftig geflickt waren, nicht im Ansatz gewachsen. An mehr als 60 Stellen gaben sie nach – eiskalte Wassermassen überraschten die schlafenden Einwohner. Besonders in Wilhelmsburg hatte das dramatische Folgen. Allein in diesem Stadtteil ertranken 222 Menschen. Insgesamt beklagte man am Ende 315 Todesopfer. Die Siedlung Waltershof, die die Fluten weitgehend zerstörten, wurde aufgegeben. Zu groß erschien die Gefahr, dass sich die Katastrophe wiederholen könnte. Trotz der hohen Opferzahl und der noch heute

frischen Erinnerung von Zeitzeugen: Die schlimmste Sturmflut Hamburgs war die Flut von 1962 nicht. Der fragwürdige Ruhm gebührt der Cäcilienflut vom November 1412. Damals kamen etwa 30.000 Menschen ums Leben. Das Dorf Altenwerder wurde komplett weggespült. Die Inseln Finkenwerder, Billwerder und Ochsenwerder waren jahrelang nicht bewohnbar. Insgesamt mehr als 25 Hochwasser-Katastrophen sind für den Zeitraum seit 1164 nachgewiesen. Ihre Folgen sind bis heute zu sehen: Form und Größe von Elbinseln und Bracks zeugen bis in diese Tage von den ungestümen Naturkräften. Dass es zukünftig keine Sturmflut mehr geben wird, ist ausgeschlossen. Dennoch besteht für die Großstadt heute mehr Hoffnung als zu früheren Zeiten. Bis zu einem Pegel von 7,30 Meter über Normalnull ist dank des modernen Hochwasserschutzes nichts zu befürchten. Sollte es dramatischer werden, gibt es ausgefeilte Notpläne. Im Fall der Fälle wird ein Sirenensignal von einer Minute Länge die Einwohner warnen. Dann heißt es: Radio und TV an!

5 Die „Operation Gomorrha" legte Hamburg in Schutt und Asche.

Mit einer bis dahin einmaligen Militäraktion wollten die Alliierten Hamburg im Zweiten Weltkrieg komplett von der Landkarte radieren. Der Deckname, der sich auf den biblischen Ort Gomorrha bezog, war Programm. Der Plan der britischen Armeeführung nahm – ebenso wie die Kriegsführung der deutschen Wehrmacht – keine Rücksicht auf Zivilisten. Im Gegenteil: Gerade unter ihnen sollte es möglichst viele Opfer geben. Ziel war die Demoralisierung der Deutschen. Vom 25. Juli bis 3. August 1943 flogen die Royal Air Force und deren Verbündete mehrere Angriffswellen. Allein in einer Nacht bombardierten 739 alliierte Flugzeuge die Stadt. Der entstehende Feuersturm war unbeschreiblich. Der Schriftsteller Walter Kempowski, der als Kind kurz nach der ersten Angriffswelle mit einem Zug aus dem Inferno floh, erlebte in Lübeck, wie es dort verkohlte Bücher aus Hamburg regnete.

Kulinarisches

1788 erschien das „Hamburgische Kochbuch verfasset von einigen Frauenzimmern". Es ist die älteste Rezeptsammlung der Stadt.

1 Franzbrötchen gehören auf jeden Hamburger Frühstückstisch.

Die klassischerweise mit Zimt zubereiteten Plunderteigteilchen sind sogar eine Erfindung aus der Hansestadt. Das erste „Franzosenbrot" buk man der Legende nach während der französischen Besatzung Anfang des 19. Jahrhunderts. Angeblich war es ein missglückter Versuch, Croissants nachzuahmen. Aber so wie es mittlerweile zahlreiche Abwandlungen des Originalrezepts gibt, haben sich auch zahllose Mythen über die „wahre" Herkunft des Nationalgebäcks gebildet. Wie sehr Exil- und Gefühls-Hamburger das morgendliche Franzbrötchen brauchen, zeigt eine stets aktuell gehaltene Internetseite. Unter www.franzbroetchen.de tauschen Heimatvertriebene akribisch Tipps aus, wo sie im Rest der Republik an den Stoff kommen („Ich habe den Duft sogar noch in der Nase!", „Jetzt auch Schokovariante! Finger weg davon."). Auch internationale Funde werden der Kommune umgehend mitgeteilt. Neben Singapur („recht klein, relativ trocken") und Südchile („von Hamburgern anerkannt") haben es die süßen Teile unter anderem in die Safari Lodge eines tansanischen Nationalparks geschafft („Franz ist längst vom Löwen gefressen").

2 Nicht jedermanns Geschmack, aber garantiert maritim.

Auf kein anderes Gericht der Hamburger Küche trifft diese Beschreibung so passgenau zu wie auf Labskaus. Seit über 200 Jahren wird der Mischmasch nachweislich in den Gasthäusern der Stadt serviert. Zum Beispiel im „Old Commercial Room“, einem seit 1795 bestehenden Restaurant an der Englischen Plane. Dort schwört man auf die klassische Zubereitung ohne Fisch und Rote Beete. Lediglich Kartoffelbrei und gepökeltes Rindfleisch werden durch den Fleischwolf gedreht. Bei anderen Varianten kommen noch zahlreiche andere Zutaten hinzu. Allen gemein ist nur eines: Labskaus muss gut püriert werden. Das hat historische Gründe. Bei der traditionellen Seemannsspeise sollten auch zahnlose Zunftvertreter ordentlich zulangen können.

3 Um eine Suppe dreht sich das größte „Geheimnis“ der Hamburger Küche.

So legendär die „Hamburger Aalsuppe“ auch ist, so heftig umstritten bleibt die Frage nach ihrer richtigen Zubereitung. Für Otto-Normal-Suppenauslöffler scheint die Sache meist klar wie Kloßbrühe: Wo „Aal“ drauf steht, muss „Aal“ drin sein. Schwimmt dann doch kein Edelfisch im Süppchen, geht das Genörgel los. Dabei hat der Name des typischen Regionalgerichtes gar nichts mit Fisch zu tun. Vielmehr ist dies eine klassische babylonische Sprachverwirrung, die hier auf der Verwechselung von Hoch- und Plattdeutschem beruht. Aalsuppe kommt nicht von „Aal“, sondern von „aalens rin“ („alles rein“). Der Schmaus ist kein edelgastronomisches Highlight, sondern Restesuppe. Und sagen wir mal so: Wer beim Bäcker Schweineohren oder Amerikaner kauft, erwartet ja auch eher vegetarische Kost statt einer Extraportion Fleisch.

4 **Hamburger Rundstück sieht manchmal nicht lecker aus, ist aber ein Klassiker.**

Ein Weizenbrötchen, eine Scheibe Rinder- oder Schweinebraten und eine große Kelle dicker, dunkler Bratensoße: Zusammen ergibt das ein „Hamburger Rundstück warm". Der Legende nach entstand dieses für viele Nicht-Hamburger eher seltsame Gericht – „Iiihhh, Soße im Brötchen!" – 1904 aus einer Verlegenheit heraus. Heinrick Heckel, Wirt einer Bierkneipe auf der Reeperbahn, war ein Meister am Zapfhahn, aber nicht in der Küche. Als eines Tages seine Köchin krank war, die Gäste zum Gezapften aber unbedingt etwas essen wollten, improvisierte Heckel. Aus Braten- und Soßenresten, die er in der Küche fand, arrangierte der Wirt das erste „Rundstück warm". Entgegen aller Erwartung mundete es den Gästen und Heckels Konkurrenten schnappten die Idee auf. Seitdem fand sich auf vielen Speisekarten das neue „Nationalgericht". Hamburg-Patrioten glauben sogar, dass dies die Urform des amerikanischen Burgers sei. Schließlich heißt der Hamburger ja Hamburger. Zweifel an der Geschichte sind angebracht, allerdings nicht mehr eindeutig zu klären. Die Erfindung des Hamburgers nehmen viele für sich in Anspruch. In den Vereinigten Staaten wird der Kampf sogar zwischen verschiedenen Bundesstaaten ausgetragen. Angeblich offerierte ein New Yorker Restaurant schon im Jahre 1834 einen Hamburger. Dagegen behaupten Lokalpatrioten in Oklahoma und Texas, dass nur in ihren Staaten die echten Geburtsorte zu finden und nur sie die einzig wahre Heimat des populären Fastfoods seien. Einige Forscher meinen dagegen, dass die Idee zum Hamburger tatsächlich zusammen mit Auswanderern aus Hamburg in die Neue Welt kam. Und zwar schon vor 1904! Deutlich bevor der Reeperbahn-Wirt Heckel seinen Gästen ein Rundstück präsentierte.

5 Finkenwerder „oben ohne“ geht ja schon mal gar nicht.

Für echte Genießer ist es ein absolutes Unding, wenn sie im Restaurant „Finkenwerder Scholle“ bestellen und ihren Fisch dann quasi nackt serviert bekommen. Häufig wird das Traditionsgericht nämlich nur mit gebratenen Speckwürfeln kredenzt. Dabei gehört auf eine echte Finkenwerder Scholle auf jeden Fall noch eine ordentliche Portion Krabben. Ohne sie ist das Gericht nicht vollständig und in etwa so wie ein Mercedes-Benz ohne Stern.

6 Statt Lamm verputzten Hamburger zu Ostern Stubenküken.

Zu ihrem gewöhnungsbedürftigen Namen kamen die kleinen Piepser durch ihren Aufzuchtsort. Die Bauern der Vierlande päppelten sie im Winter in Wohnstuben auf, da sie in einem normalen Stall nicht überleben konnten. Pünktlich zum Osterfest waren die Küken „schlachtreif“und wurden ins nahe Hamburg verkauft, wo sie sich zur traditionellen Osterspeise entwickelten. Zeitweise in Vergessenheit geraten, sind Stubenküken heute wieder „in“.

Kuriose Gesetze

Im Prinzip sind Gesetze ja eine schöne Sache – so lange sie irgendwie sinnvoll und nachvollziehbar erscheinen. Manchmal dreht der Amtsschimmel aber mächtig durch.

1

Kloppereien für England oder Holland waren verboten.

Nicht nur Ruhe, sondern diplomatisches Verständnis waren ab 1652 für alle Hamburger erste Bürgerpflicht. Während die einst eng verbündeten Engländer und Holländer miteinander Krieg führten, verbot der Hamburger Rat den Einwohnern der „guten, freien, neutralen" Stadt jeglichen „Hader, Zank, schimpfliche Rede und Schlägerey" in Bezug auf die kriegerische Auseinandersetzung. Auf Verstöße gegen das Enthaltsamkeitsgebot stand „schwere willkürliche Strafe". Was immer das gewesen sein mag: Die Situation für die Hansestadt war ernst. Zu beiden Nationen pflegte man traditionell gute Handelsbeziehungen. Die sollten auf keinen Fall gefährdet werden. Zudem lebten in der Stadt auch bedeutende englische und holländische Minderheiten. Wie gut, dass es damals noch keinen Fußball gab. Wer weiß, was passiert wäre.

2 Der „schönste Tag" des Lebens konnte schnell sehr teuer werden.

Für Hochzeiten Unsummen auszugeben, ist keine Kunst. Auch früher waren Menschen gern bereit, tief in die Tasche zu greifen. Im streng-evangelischen Hamburg sah man das 1650 mit Sorge. Um „Gottes gerechten Zorn" abzuwenden, verabschiedete die Regierung eine strenge, moralinsauere Hochzeitsordnung. Kleckern statt Klotzen schien die Devise. Die peniblen Vorschriften begannen schon bei der zulässigen Gästezahl. Je nachdem, wie vermögend das Hochzeitspaar war, durften bei „großen Wein-Hochzeiten" 50, bei „mittelmäßigen" 30 und bei „geringen" Vermählungen 15 Gäste erscheinen – inklusive des engsten Familienkreises wie Eltern und Geschwister. Jeder Gast mehr kostete 5 Reichstaler Strafe. Das Tragen von Perlen schlug mit 100 Mark zu Buche. Dem sozialen Status nach wurde auch die Zahl der Musiker begrenzt. Bei Pomp-Hochzeiten durften acht oder sechs Musikanten aufspielen, bei kleinen nur zwei. Eine zwei Jahre später hinzukommende „Verordnung, wie auf den Hochzeiten gespeiset werden soll", schrieb dann auch noch im Detail vor, was und wie viel gegessen werden durfte. Für große und mittlere Hochzeiten genehmigte der Rat vier Gänge, kleine Feiern mussten mit drei vorliebnehmen. Während es bei „geringen Standespersonen" zunächst gesottenes Ochsen- oder Schafsfleisch, dann Reis und schließlich „Gebratenes und hernach Butter und Käse" gab, durfte sich die High-Society an Pasteten, Wild und Fischgerichten laben. Tabu für alle: Konfekt, Marzipan und Brauner Kuchen. Für jedes trotzdem aufgetischte Gericht kassierte die Stadt ein Ordnungsgeld von 5 Reichstalern pro Schüssel. Das die Hochzeitsordnung von 1650 nur bedingt eingehalten wurde, ist zu vermuten. Sie stellte nämlich vor allem einen Versuch dar, ähnliche Gesetze aus den Jahren 1609 und 1624 durchzusetzen. Trotz der angedrohten Strafen hielten sich offensichtlich zu wenige Hamburger daran.

3 Wie Muddern beim Kind bestimmte die Regierung, was angezogen wurde.

Im gesamten 17. Jahrhundert beschäftigte sich der Hamburger Gesetzgeber ausgiebig mit Kleidervorschriften. Ein Gesetz von 1611 untersagte einem Großteil der Einwohner die Verwendung von Pelzen und bestimmten Stoffen, wie Samt und Brokat. 1648 verbot eine zusätzliche Verordnung Hamburgerinnen „Ohren-Gehänge von Perlen". Trauertage durften nur mit „schlechten schwartzen Kleidern verrichtet werden". Stickereien waren selbstverständlich tabu.

4 Nachts ohne Laterne oder Fackel herumzulaufen, galt als schweres Verbrechen.

Nächtliches Spazieren ohne brennende Fackel oder Laterne war ab 1664 verboten. Wer ohne Leuchte angetroffen wurde, wanderte ins Gefängnis. Hintergrund war die zunehmende Kriminalität. 1720 wurden die Bürger noch einmal gesetzlich verpflichtet, eine Laterne mitzuführen. Der Legende nach verhafteten Ordnungshüter sogar einmal den Bürgermeister, weil sein Licht ausgegangen war. Ein paar Jahre war offenes Feuer in der Innenstadt hingegen verboten – wegen der Brandgefahr.

5 **Auf das Abreißen von Zetteln stand 1775 die Prügelstrafe.**

Der Rat der Stadt war sauer. Richtig sauer! So stark, dass er ein Gesetz schuf, ein „Mandat gegen das Abreissen der vor der inneren Rathaustür angehefteten Schriften". „Mißfällig" hatten die Herren bemerkt, dass ihre schönen Proklamationen von irgendwelchen Banausen angetastet wurden. Unter Androhung einer „Leibesstrafe" sollte damit Schluss sein: „Wir wollen solchen Frevel hiermit nachdrücklichst verboten haben." Eine Tätergruppe wurde besonders verwarnt: die „unbedachtsame Jugend".

6 **Fremdgehen wurde mit drei Monaten Gefängnis bestraft! Möglicherweise ...**

Der Artikel 149 des Hamburger Criminalgesetzbuches von 1849 beginnt unversöhnlich: „Wer nach gehörig geschlossener und vor förmlich aufgelöster Ehe die dem anderen Ehegatten schuldige Treue durch Ausübung des Beischlafes mit einer anderen Person bricht, soll [...] mit Gefängnis bis zu drei Monaten gestraft werden." Der Paragraph endete allerdings mit einer doppelten Einschränkung. Strafe drohte nur, wenn dadurch eine Ehe geschieden wurde und dann auch nur dem Geschiedenen.

Leuchttürme

Hamburg ist die Leuchte des Nordens. Zumindest ist die Zahl der Leuchttürme und Feuerzeichen, die Schiffern auch bei mieser Sicht den Weg weisen, besonders hoch.

1 Hamburgs ältestes Haus ist (natürlich) ein Leuchtturm.

Auf der Insel Neuwerk entstand zwischen 1300 und 1310 eine Schutzburg. Sie sicherte Seeleute und Inselbewohner gegen Piraten ab. Mit Abnahme der Seeräuberplage und Zunahme der Schifffahrt wurde die Festung zum Seefeuerzeichen umfunktioniert. Zunächst betrieben die Hamburger eine Blüse, ab 1814 wurde dann ein richtiger Leuchtturm installiert.

2 Mit der Gründerzeit begann ein echter Leuchtturm-Boom.

Die meisten Hamburger Leuchttürme wurden ab Mitte des 19. Jahrhunderts gebaut. Innerhalb weniger Jahre entstanden an der Elbe und im Hamburger Hafen dutzende. Die plötzliche Bauwut hatte zwei triftige Gründe. Zum einen nahm der Verkehr erheblich zu, zum anderen wurde durch die aufkommende Dampfschifffahrt die Nacht zum Tag gemacht.

3 Vor Leuchttürmen sorgten Blüsen für mehr Sicherheit.

Blüsen waren offene Feuerstellen, die während der Dunkelheit ständig befeuert werden mussten. Ihr Licht sorgte in einem Umkreis von bis zu 8 Seemeilen (knapp 15 Kilometer) für Orientierung. Gerade bei Regen und Schnee eine herausfordernde Aufgabe für die Blüsenmeister und ihre Helfer. Die erste Blüse in der Deutschen Bucht gab es ab 1663 auf Helgoland. Mit Zustimmung des dänischen Königs finanzierten und unterhielten Hamburgs Kaufleute das überlebenswichtige Feuerzeichen. Die Steinkohle zum Betreiben kam extra aus Schottland.

4 Feuerschiffe sind nicht zum Löschen, sondern zum Brennen da.

Boote, die als schwimmende Leuchttürme fungieren, ankern an gefährlichen Stellen des Fahrwassers oder an wichtigen Navigationspunkten. Im Hamburger Bereich waren das zum Beispiel die Positionen Elbe 1 an der Elbmündung und Elbe 2 nordwestlich von Cuxhaven. Der Job an Bord war nicht ungefährlich. Nahezu bei jedem Wetter musste die Position gehalten und das Leuchtfeuer betrieben werden. Wie hart die Sache war, kann man an Bord des Feuerschiffs „Elbe 3" nachempfinden. Das Hamburger Museumsschiff von 1889 ist das weltweit älteste seiner Art. Heute dient es vor allem als historischer Ausflugsdampfer. Hamburgs erster Leuchtturm, der mit elektrischem Licht funktionierte, stand übrigens auf einem Feuerschiff. Das Experiment von 1912 zeigte den enormen Kostenvorteil von Glühlampen. Zuvor verbrauchte ein einzelnes Leuchtfeuer bis zu 1.000 Tonnen Steinkohle im Jahr.

Liebhaber & Verächter

Für Hamburger ist ihre Stadt die schönste der Welt. Damit sich das auch im letzten Winkel des Planeten herumspricht, stimmen Promis gern Lobeshymnen an. Bis auf einen Bösewicht!

1 Dem Schriftsteller und Satiriker Heinrich Heine gefiel das Pragmatische.

Der Schriftsteller Heinrich Heine (1797–1856) absolvierte in der Hansestadt eine Bankenlehre. Über seine zeitweilige Heimat urteilte er: „Die Hamburger sind gute Leute und essen gut. Mögen sich ihre Theologen noch über die Bedeutung des Abendmahls streiten: über die Bedeutung des Mittagsmahls sind sie alle ganz einig!"

2 Bürgermeister Johann Heinrich Burchard war sichtlich stolz.

Als ein Hamburger Kaufmann von Kaiser Wilhelm II. geadelt werden sollte, empfand Burchard (1852–1912) das komplett unsinnig und beschied dem Monarchen: „Ein Hamburger Kaufmann kann überhaupt nicht mehr erhoben werden!" Die Annahme „ausländischer" Ehrungen war Hamburger Bürgern lange untersagt.

3 Den Bankier Max Warburg begeisterte die Hamburger Solidarität.

In seinem Glauben an das Gute war sich Warburg (1867–1946) ziemlich sicher: „Wir Hamburger lassen keinen von uns über Bord gehen." Für den angesehenen Finanzier und Philantrophen war es daher um so furchtbarer, als er wegen der Judenverfolgung der Nazis seine geliebte Heimatstadt verlassen musste.

4 Hans Albers hatte einen ganz besonderen letzten Wunsch.

Der Schauspieler Hans Albers (1891–1960) verkörperte geradezu idealtypisch den Hamburger Jung' und ließ alle Welt wissen: „Heimat ist da, wo einer stirbt. Und wenn die Reihe mal an mir ist, dann soll es in Hamburg sein." Das Schicksal spielte ihm einen Streich: Er starb – ausgerechnet! – in Bayern.

5 Die legendäre „Schmidtschnauze" äußerte sich natürlich auch zu Hamburg.

Helmut Schmidt lobte den freien Geist in seiner Heimatstadt: „Ich bin durch Hamburgs Genius Loci erzogen worden. Meine Schule hat mich wahrscheinlich nicht besonders Pisa-tauglich gemacht; aber gelehrt, kritisch zu denken und selbstständig zu arbeiten." Und nicht zu vergessen: In der Schule lernte er seine spätere Frau Loki kennen.

6 Nur der „liebe Udo" stört gekonnt provokativ die schöne Harmonie.

Hamburg sei eine Stadt voller „Pfeffersäcke, grausamer Langweiler und Erbschleicher", meinte Udo Lindenberg 2011 in einem Zeitungsinterview. Ein Schrei der Entrüstung gellte durch die Hansestadt. Ausgerechnet Lindenberg, der jahrelang im Hotel Atlantic Hamburgs schönste Seite genoss?! Mensch Udo, dann geh doch nach Berlin!

Nachbarn

Groß und selbstbewusst – Hamburg war das schon früh in seiner Geschichte. Kein Wunder also, dass es mit missgünstigen Orten und Ländern öfter mal zum Streit kam. So ist das eben mit den allerliebsten Lieblingsnachbarn.

1 **Tschechien und Hamburg sind (ungewollt) direkte Nachbarn.**

Seit 1929 gehört der heutigen Tschechischen Republik der 30.000 Quadratmeter große „Moldauhafen".
Damit wurde der Binnenstaat zu einem Hamburger Anrainer. Hintergrund für die ungewöhnliche Konstellation ist der Versailler Vertrag von 1919. Er beendete den Ersten Weltkrieg und verpflichtete das Deutsche Reich zu zahlreichen Reparationsleistungen. Im Artikel 363 heißt es: „In den Häfen Hamburg und Stettin verpachtet Deutschland der Tschechoslowakei für einen Zeitraum von 99 Jahren Landstücke, die unter die allgemeine Verwaltungsordnung der Freizonen treten und dem unmittelbaren Durchgangsverkehr der Waren von oder nach diesem Staate dienen sollen."
Ab 1929 erfüllte der „Moldauhafen" die Auflage. Obwohl die Enklave heute zu normalen Konditionen verpachtet ist, fällt sie erst 2028 an Hamburg zurück.

2 ACHTUNG! STILL! GESTANDEN! DIE! PREUSSEN! KOMMEN!

Wenn das Verhältnis zwischen Hamburg und dem lange eigenständigen Altona – wie soll man das diplomatisch ausdrücken – angespannt? ...verbesserungswürdig? ... optimierbar? ... kompliziert war, dann hatte die Beziehung zwischen Hamburg und Preußen einen echten Knacks. Mitte des 19. Jahrhunderts war Deutschland in zahlreiche Kleinststaaten zersplittert und führte daher eine Vereinigungsdebatte. Zur Auswahl standen eine großdeutsche und eine kleindeutsche Variante. Der Unterschied bestand darin, ob Österreich zu Deutschland gehörte oder nicht. Die Preußen, die sich ohne Österreich zum mit Abstand größten Bundesstaat entwickelt hätten, wollten ganz klar die kleindeutsche Lösung. Hamburg war für den Einschluss des Habsburger Reiches. Richtig heiß wurde die Auseinandersetzung im Jahr 1849. Die Preußen, die sich gleichzeitig mit Dänemark über die Hoheit in Schleswig-Holstein bekriegten, zogen im August 1849 mit einigen Truppen durch den Hamburger Vorort St. Pauli. Der Empfang dort war wenig herzlich. Aus Furcht vor Einquartierungen der ungeliebten Nachbarn beschimpften und bewarfen St. Paulianer die Militärs. Die Rache folgte prompt. Preußen ließ weitere Truppen anmaschieren und die gesamte Stadt mit 8.000 Soldaten belagern. Um das Schlimmste zu verhindern, trat Hamburg nun dem sogenannten Dreikönigsbündnis bei. Darin hatten sich Sachsen, Hannover und Preußen zusammengeschlossen, um Österreich aus einem deutschen Bundesstaat herauszuhalten. Der Pakt war Grundlage für den späteren Norddeutschen Bund, dem Hamburg 1867 beitrat. Die aufgezwungene Freundschaft zu Preußen war der Anfang vom Ende vieler Hamburger Freiheiten. Über Bahn-, Post- und vor allem Zollangelegenheiten konnte die Hansestadt bald nur noch zusammen mit dem „lieben" Nachbarn entscheiden. Nachdem die Dänen den Krieg gegen Preußen verloren hatten, setzten Letztere sich in Altona fest – was die Sache (siehe oben) nicht besser machte.

3

Sturköpfig und uneinsichtig: Mecklenburger setzten den Hamburgern zu.

Er gilt als der bekannteste deutsche Pirat: Klaus Störtebeker (um 1360–1401). Wo genau der Freibeuter geboren wurde, ist bis heute nicht restlos geklärt. Am wahrscheinlichsten ist es, dass er aus Mecklenburg stammte. Im Gerichtsprotokollbuch der Hansestadt Wismar findet sich für das Jahr 1380 ein Eintrag über einen gewissen „Nicolao Stortebeker". Obwohl der das Bürgerrecht besaß, wurde er zusammen mit einem Freund aus der Stadt verbannt. Sie hatten einem Dritten bei einer Schlägerei sämtliche Knochen gebrochen. Dass Störtebeker aus Mecklenburg kam, ist auch insofern glaubwürdig, weil das Land damals eine echte Piratenhochburg war. Von dort stammten nachweislich die Vitalienbrüder, zu denen Störtebeker gehörte. Dabei hatte alles ganz nett angefangen. Die Schweriner Herzöge, die unter Albrecht III. (1338–1412) auch Schweden regierten, sahen sich ab 1388 durch die dänische Königin Margarete I. (1353–1412) herausgefordert. Die Dame beanspruchte ebenfalls den schwedischen Thron. Um ihrer Forderung Nachdruck zu verleihen, ließ sie kurzerhand Stockholm belagern. Den Einwohnern drohte eine Hungerkatastrophe. In dieser Situation schickten die Mecklenburger Schiffe mit Lebensmittel („Vitalien"). Sie durchbrachen die Seebarrikade und retteten die Stockholmer. Die Vitalienbrüder, zu denen viele verarmte Landadlige zählten, spielten im dänisch-mecklenburgischen Krieg eine wichtige Rolle. Der Schweriner Hof stattete ihre Schiffe mit Kaperbriefen aus, die es ihnen „erlaubten", alle nicht-mecklenburgischen Schiffe anzugreifen und auszuplündern. Das Raubgut, zu dem bald auch das von Hamburger Schiffen gehörte, wurde auf Märkten in Wismar und Rostock verhökert – für die beiden Hansestädte ein großer Gewissenskonflikt. Einerseits mussten und wollten sie dem verbündeten Hamburg beistehen, andererseits waren sie gezwungen, ihrem Landesherren zu gehorchen. Die Hamburger lösten das Problem. Sie schnappten sich mit Störtebeker den übelsten Mecklenburger und dezimierten ihn 1401 um genau eine Kopflänge.

4 Die Dänen wollten Hamburg eins auswischen und scheiterten kläglich.

Als Landesherrin von Holstein verpasste die dänische Krone nur äußerst ungern Gelegenheiten, die benachbarte Hansestadt zu ärgern. Höhepunkt der ewigen Stiche- und Gängeleien war eine provokative Ortsgründung durch König Christian IV. (1577–1648). Im fernen Kopenhagen beschloss er 1617, einen neuen Ort zu bauen: an der Unterelbe. Unter dem Motto „Dat schall glücken und dat mutt glücken, un dann schall se ok Glückstadt heten" sollte die neue Siedlung Hamburg ordentlich Ärger machen. Zwei Ziele verbanden sich mit der Aktion. Zum einen sollte ein neuer Hafen dem Hamburger Pendant den Rang ablaufen. Zum anderen war das Ziel, die Schiffe, die (seltsamerweise) nicht am Glückstadter Kai festmachten, ordentlich abzuzocken. Stichwort: Zoll. Als Bewohner für seine Retortenstadt warb der Dänenkönig vor allem Holländer und Portugiesen. Zunächst schien der Plan aufzugehen. Glückstadt entwickelte sich zügig und wie erwartet. Durch den gleichzeitig stattfindenden Dreißigjährigen Krieg gab es genügend Flüchtlinge, die eine neue Heimat suchten. Als der Krieg vorbei war, schrumpfte die Einwohnerzahl wieder. Zudem stellte sich heraus, dass die Lage für einen Hafen nicht sonderlich glücklich war. Eine Sandbank machte das Ansteuern schwierig. Genauso wie das Eintreiben von Zöllen. Die „Aktion Glückstadt" verlief damit zur Freude der Hamburger buchstäblich im Sande.

Oper & Musical

Während in der Oper stundenlang unverständlich hoch gesungen wird, schwingen bei Musicals aus ebenso mysteriösen Gründen unglaublich lange unglaublich lange Beine.

1 Musicals bringen jedes Jahr eine halbe Milliarde Euro in die Stadt.

Hamburg ist nach London und New York die drittgrößte Musical-Metropole der Welt. In keiner anderen Stadt Kontinentaleuropas können Zuschauer zwischen so vielen unterschiedlichen Shows wählen. Egal ob „Der König der Löwen", „Sister Act" oder „Tarzan": Aus ganz Deutschland reisen täglich dutzende Busgruppen an, um sich einen schönen Abend in einem der Hamburger Musical-Paläste zu gönnen. Was für die einen nach toller Unterhaltung mit nicht allzu häufigen Melodie-Wechseln und allzu komplizierten Geschichten klingt, ist für andere ein absoluter Kommerz-Graus. Im Hamburger Schanzenviertel wurde letztere Ansicht nicht gerade dezent kundgebrüllt. Als 1989 das alte Flora-Theater zum Musical-Tempel umgebaut werden sollte, liefen die alternativen Anwohner Sturm und besetzten spontan das Gebäude – obwohl damals noch niemand das Wort „Gentrifizierung" kannte. Dieser Zustand dauert bis heute an. Statt Andrew Lloyd Webber gibt es in der „Roten Flora" Konzerte, Ausstellungen und Podiumsdiskussionen mit politischem Anspruch.

2 Hamburger waren die ersten, die sich selbst ein Opernhaus bauten.

Die Bundesrepublik ist das Land mit den meisten Opernhäusern der Welt. Von weltweit 560 Musiktheatern steht jedes siebente in Deutschland. Um genau zu sein: Es sind 84. Die große Vielfalt ist eine direkte Folge der deutschen Kleinstaaterei im 18. und 19. Jahrhundert. Jeder noch so kleine Operettenstaat leistete sich wie selbstverständlich die große Oper. Der Wunsch des jeweiligen adligen Potentaten genügte. Bürgerliche Enklaven wie Hamburg hatten theoretisch das Nachsehen. Dort gab es niemanden, der per Befehl einen Musentempel herbeizaubern konnte. Doch Bürgergeist machte in Hamburg jede Allmachtsphantasie überflüssig. 1678 eröffnete am Gänsemarkt das erste deutsche Opernhaus, dass von Bürgern gewollt und selbst finanziert worden war. Vermögende Familien mieteten jeweils für ein Jahr eine ganze Loge und sicherten so Unterhalt und Betrieb. Der Bretterbau war eine wahre Manifestation hanseatischen Stolzes: Er hatte 2.000 Sitzplätze und zog schon bald die begehrtesten Komponisten, Librettisten, Sänger und Musiker zur Mitarbeit an. So leitete ab 1722 der berühmte Barock-Komponist Georg Philipp Telemann (1681–1767) die Oper und steuerte zahlreiche eigene Werke als Uraufführungen bei. Allerdings nützte die künstlerische Qualität am Ende nicht viel. Die hohen Stargagen, die sich Hamburg leistete, konnten nicht refinanziert werden. Genau 60 Jahre nach der Eröffnung ging das Unternehmen „Bürgeroper“ 1738 pleite. Die Besitzer flohen vor den Gläubigern ins Ausland.

3 Hamburger zofften sich gern und ausgiebig über ihre Oper.

Beim Redaktionsschluss für dieses Buch stand (noch immer) in den Sternen, wann Hamburgs größtes Prestigeobjekt, die Elbphilharmonie, fertig wird. Nur eines kann daher mit Sicherheit gesagt werden: Bereits vor der Eröffnung hat der Bau für ordentlich Streit vor und hinter den Kulissen gesorgt und sich damit äußerst erfolgreich in eine große Hamburger Tradition gestellt. Die Stadt stritt nämlich schon vor 335 Jahren ausgiebig über ihre Musen-Tempel. Hamburgs Pastoren zettelten 1677 den ersten „Hamburger Theaterstreit“ an. Er dauerte ingesamt elf Jahre und sollte die grundsätzliche Frage klären, ob Theater und Oper aus sittlicher Perspektive überhaupt statthaft seien. Eine Fraktion um die Hauptpastoren von St. Jacobi, St. Michaelis und St. Nicolai sahen in Opern und Schauspielen finstere, gotteslästerliche Mächte am Werk, die „die wollüstigen Ohren des gemeinen Pöbels vergnügen“. Dem widersprachen lebensnahe Geistliche, wie der zweite Pastor der St. Katharinenkirche. Er versuchte in einer dicken Streitschrift zu beweisen, dass Opern „nicht zur Unehrbarkeit und sündlicher Augenlust [führen], sondern zur gezielten Ergötzung und Erbauung im Tugendwandel“ dienen. Demnach dürfe die Oper von „Christen ohne Verletzung des Gewissen geschauet und angehöret werden“. Der theologische Streit führte zu praktischen Konsequenzen: 1686 untersagte die Bürgerschaft jeglichen Sing-Sang in Hamburg. Die Anordnung hielt nicht lange: Der Rat hob das Verbot sofort wieder auf. Damit war die Sache natürlich nicht erledigt. 80 Jahre später flammte der Streit nochmals auf. Er endete erst 1769 mit einen Senatsbefehl: Beide Seiten mussten Schweigen.

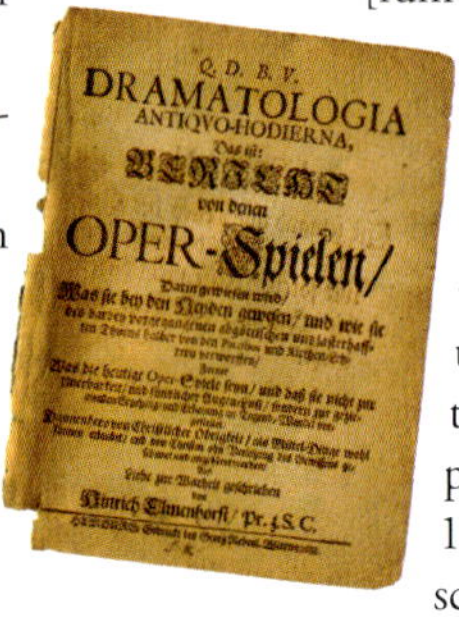
Q. D. B. V.
DRAMATOLOGIA
ANTIQVO-HODIERNA,
Das ist:
BERICHT
von denen
OPER-Spielen/
Hinrich Elmenhorst/ Pr. z S. C.

4

Dramen gab es nicht nur auf der Bühne, sondern auch im „echten" Leben.

Hamburgs Operngeschichte wartet gleich mit zwei tolldreisten Anekdoten auf, bei denen es ziemlich schwer fällt, sich für die eine oder andere zu entscheiden, um sie mit dem Label „Größter Opernskandal" zu versehen. Am Drama Nummer eins war der prominente Komponist Georg Friedrich Händel (1685–1759) beteiligt. Er arbeitete an der Oper am Gänsemarkt als Violinist und Cembalist. Am 5. Dezember 1704 knallte es zwischen ihm und seinem guten Freund Johann Mattheson (1681–1764). Während einer Vorstellung wollte Händel seinem Kollegen nicht wie verabredet den Dirigentenposten überlassen. Deshalb kam es – bei laufender Show – zu einem heftigem Streit im Orchestergraben. Ein Wort ergab das andere – das nächste eine Ohrfeige. Die Ohrfeige führte zur Tracht Prügel und schließlich direkt vor dem Opernhaus zum zünftigen Duell. Nur durch einen glücklichen Zufall zersprang dabei die Degenklinge Matthesons am Mantelknopf Händels. Beide kamen mit einem gehörigen Schrecken davon. Richtige Freunde wurden sie danach nicht mehr.

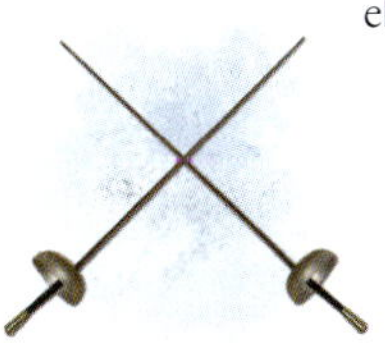

Um Freundschaft ging es auch bei Drama Nummer zwei. Es ereignete sich ebenfalls im Orchestergraben der Hamburger Oper. Am zweiten Weihnachtsfeiertag 1912 – es wurde Wagners „Lohengrin" gegeben – sprang plötzlich ein Zuschauer auf und prügelte mit einer Reitpeitsche auf den Dirigenten, den berühmten Otto Klemperer (1885–1973), ein. Der Maestro stürzte und schrie lauthals: „Er züchtigt mich, weil ich seine Ehefrau liebe." Wenige Tage später flohen Klemperer und die untreue Dame aus der Stadt. Ihre Liason hielt nicht lange.

Piraten

„Fluch der Nordsee" statt „Fluch der Karibik": Selbst in heimischen Gewässern plagten Freibeuter die Hamburger Flotte. Das ging natürlich nicht ewig gut.

1 Bauern waren die ersten Piraten, die Hamburg auf die Nerven gingen.

Statt, wie es ihrem Berufsstand angemessen ist, Vieh zu hüten und Getreide anzubauen, überfielen Dithmarscher Bauern im 13. Jahrhundert regelmäßig Hamburger Handelsschiffe. Besonders die Gegend um Brunsbüttel war gefürchtet. Dort mündet die Elbe in das Wattenmeer und bietet Räubern besonders gute strategische Möglichkeiten. Als die Hamburger den Brunsbüttelern mit militärischer Macht zeigten, dass sie keinen Spaß verstehen, verlegte sich die Landbevölkerung auf Strandräuberei. Nach angeblich altem Recht nahmen sie für sich in Anspruch, dass alle gestrandeten Schiffe und deren Ladung ihr Eigentum seien. Selbst die Besatzungen wurden zu „Strandgut" deklariert und als Sklaven verkauft. Um die Strandgut-Fälle planmäßig zu erhöhen, griffen die Dithmarscher auch zu fiesen Tricks. Sie boten sich Kapitänen als Lotsen an und ließen die ihnen anvertrauten Schiffe absichtlich auf Sandbänken auflaufen.

2 Die Hamburger betrieben selbst Piraterie, drückten es aber vornehmer aus.

Mitte des 15. Jahrhunderts kam es zu einem offenen Handelskonflikt zwischen der Hanse und dem englischen Königreich. Bis dahin genossen hansische Kaufleute in London zahlreiche Privilegien. Mit dem Stalhof betrieben sie sogar eine gemeinsame Niederlassung am Themseufer. 1468 kassierte der englische König Eduard IV. alle Erleichterungen. In einer handstreichartigen Aktion schloss er den Stalhof und ließ Hansekaufleute verhaften. Die Reaktion des Bunds war heftig: Im April 1469 erklärte die Hanse England den Krieg. Ein wichtiges Mittel im Kampf sollten sogenannte Kaperfahrten sein. Was sich harmlos anhört, war im Prinzip nichts anderes als staatliche Piraterie. Hamburg stattete private Schiffsbesitzer mit Kaperbriefen aus. In denen wurde ausdrücklich erlaubt, im Auftrag der Stadt und der Hanse englische Boote anzugreifen, auszurauben und zu versenken. Die erbeuteten Schätze teilten sich Kaperfahrer und Stadt. Diese öffnete im Gegenzug ihre Häfen und Märkte für die Söldnertruppen. Nach langem Hin und Her endete die Auseinandersetzung mit dem Frieden von Utrecht. Der 1474 geschlossene Vertrag gab der Hanse alle alten Rechte in England wieder. Die Piraterie hatte sich gelohnt.

3 Hamburg jagte im Auftrag der Hanse Piraten auf Nord- und Ostsee.

Als offizielle Hanse-Sheriffs eroberten die Hamburger 1433 sogar die gefürchtetste, schlimmste, fieseste Piratenhochburg der damaligen Zeit: Emden! Die ostfriesische Stadt bot in ihrem geschützt liegenden Hafen zahlreichen Seeräuber-Crews Unterschlupf – sehr zum Ärger der Hanse. Nach der Eroberung Emdens setzten die Hamburger für 20 Jahre einen Statthalter ein, der dafür sorgte, dass hansischen Schiffen nichts mehr geschah. Die Strafexpedition gegen die Ostfriesen war nicht die einzige, die die Hamburger ausführten. Besonders im Kampf gegen die Likedeeler rund um Klaus Störtebeker, Gödeke Michels und Magister Wigbold taten sie sich hervor. Mit erheblichem finanziellen Aufwand wurden Schiffe gebaut und ausgestattet, die es mit den Piraten aufnehmen konnten. Legendär ist die Schnigge „Bunte Kuh", mit der Störtebeker 1401 vor Helgoland aufgebracht wurde.

4 Die tolldreistesten Seeräuber kamen aus Algerien.

Es war eine riesige Provokation, die Folgen hatte: 1662 griffen zwei algerische Piratenschiffe erfolgreich einen Konvoi von acht Hamburger Handelsschiffen an und entführten sie. Die Algerier setzten noch einen obendrauf: Sie tauchten sogar in der Elbmündung auf. Um weiteren Schmachtaten zu entgehen, gründete sich nun die „Convoy-Deputation". Sie finanzierte fortan den Bau und Unterhalt von Kriegsschiffen wie der berühmten Kogge „Wappen von Hamburg". 1751 kaufte sie sich sogar die Gunst des algerischen Herrschers. Hamburg zahlte dem Dey von Algier offiziell Schutzgelder. Inoffiziell lieferte man den Piraten Schiffsmasten, Kanonen und Pulver. Auf Druck Spaniens stellte Hamburg die Schutzgeldzahlungen nach einem Jahr wieder ein.

5 Deutschlands erste Sozialversicherung war Folge der Piraterie.

1624 wurde die Hamburger Sklavenkasse eingerichtet. Die „Casse der Stücke von Achten" gilt damit auch als eine der ältesten europäischen Sozialversicherungen. Auslöser für die Gründung war die zunehmende Piraterie vor Nordafrika. Hunderte Hamburger gerieten in Gefangenschaft und wurden als Sklaven verkauft. Erschwerend kam hinzu, dass es den traditionellen Hanse-Schutzbund nicht mehr gab. Seeleute, die auf Hamburger Schiffen fuhren, konnten in die Solikasse einzahlen und so für den Notfall vorsorgen. Mit dem gemeinsamen Geld kaufte die Kasse gekidnappte Kollegen frei. Der Beitrag zur Sklavenkasse, die die Hamburger Admiralität verwaltete, war am Anfang allerdings so hoch, dass einfache Matrosen ihn kaum zahlen konnten.

6 Schöne Geschichten können (leider) auch falsch sein.

Viele Hamburger Jungs und Deerns bekommen in ihrer Kindheit eine wunderbare Story aufgetischt, die so manches Knirps-Kleinhirn jahrelang zum phantasievollen Grübeln animiert. Demnach soll die goldene Spitze der Kirche Sankt Katharinen angeblich aus einem Piratenschatz geschmiedet sein. Schöne Legende – aber falsch. Die güldene Zierde war die Spende eines reichen Senators – lange nach der Piratenzeit. Vermutlich stammt die schöne Saga daher, dass in der unmittelbaren Umgebung der Kirche früher viele Seeräuber verkehrten. Auf dem Grasbrook wurden Hunderte von ihnen geköpft.

7 Eine richtige Räuberpistole ereignete sich 2010 im Hamburgmuseum.

Ganz plötzlich war er aus dem Museum für Hamburgische Geschichte verschwunden: der angebliche Schädel des Piraten Störtebeker. Wer ihn sich samt rostigem Nagel unter eben jenen gerissen hatte, wurde in der Stadt monatelang heiß diskutiert. Unter Verdacht gerieten sogar Anhänger des FC St. Pauli und Gothic-Fans. Nach mehr als einem Jahr tauchte der Schädel plötzlich wieder auf. Zunächst bekam die Polizei den Nagel anonym zurück, dann den knochigen Rest. Es stellte sich heraus: Räuber raubten den Räuber! Zwei Ganoven, die es ursprünglich „nur" auf die Eintrittskasse abgesehen hatten, griffen aus Gelegenheit zu. Ob die mit zwei Millionen Euro versicherte Piraten-Oberstube wirklich die von Störtebeker darstellt, ist übrigens unklar.

Plattdeutsch

Seit 1996 gibt es auch eine „Verfassung von de Friee un Hansestadt Hamborg". Die plattdeutsche Übersetzung zeigt die andauernde Liebe zur Regionalsprache.

1 Plattdeutsch war die Verkehrssprache der mittelalterlichen Hanse.

Egal ob in Norwegen, England oder im Baltikum: Die Kaufleute der Hanse hatten eine gemeinsame Sprache – und damit ist an dieser Stelle nicht die Sprache des Geldes gemeint. Verhandelt und geklönt wurde nahezu ausnahmslos op platt. Selbst Verträge fasste man „mittelniederdeutsch" ab. Wie international die Sprache war, zeigt der Umstand, dass der Begriff „plattdeutsch" gar nicht in Deutschland, sondern in den Niederlanden geprägt wurde. Im holländischen Delft erschien 1524 eine Übersetzung der Bibel ins „goede platte duytsch". Sie gilt als erster Beleg für das Wort „Plattdeutsch". Platt stand dabei nicht etwa für flach, sondern für klar, deutlich und jedermann verständlich. Ein weiteres Indiz für die heute kaum noch vorstellbare Bedeutung der norddeutschen Regionalsprache ist ein Gesprächswörterbuch von 1607, das sich im Besitz der Königlichen Bibliothek von Kopenhagen befindet. Das handschriftliche Werk übersetzt plattdeutsche Wörter ins Russische.

2 „Idioticon Hamburgense" ist nicht das, was es zunächst zu sein scheint.

Was nach einer Beleidigung der allerschlimmsten Sorte klingt, stellt sich beim Durchblättern als erstes Hamburger-Platt-Wörterbuch heraus. Die früheste Auflage des Idioticons erschien 1743, eine erweiterte Ausgabe 1755. Darin enthalten sind so schöne Wörter wie „rappelköppig" – das steht für aufgebracht sein – und „Stuntsel" – damit sind kleine dicke Menschen gemeint. Nicht nur rappelköppige Stuntsels konnten nun erstmals die Bedeutung und Herkunft vieler niederdeutscher Wörter und Redensarten nachschlagen. Zu verdanken war dies dem fleißigen Hamburger Schriftseller Michael Richey (1678–1761). Niemand geringerer als der Universalgelehrte Gottfried Wilhelm Leibniz (1646–1716) regte ihn dazu an. Auch heute macht es sehr viel Spaß, durch das 270 Jahre alte Werk zu blättern. Vom ersten Eintrag („Aap, wat hast du wakkere Kinder") bis zum letzten Stichwort („zwirken") ist es eine wundersame Reise durch teilweise ausgestorbene Begriffswelten und eine überraschend volle Sprachschatztruhe mit einer gehörigen Portion Mutterwitz.

3 Hamburger begnügen sich nicht mit einem einzigen Platt.

Gleich zwei Hauptarten werden unterschieden: Geest-Platt und Marsch-Platt. Die Geest-Variante ist in den nördlichen Gegenden heimisch. Sie liegen der Elbe ferner und Holstein näher. Das zeigt sich in deutlichen Gemeinsamkeiten mit dem Holsteiner Platt. Marsch-Platt wird hingegen rund um die Elbe und im Hamburger Süden gesprochen. Geest- und Marsch-Niederdeutsch grenzen sich vor allem durch die verschiedene Verwendung und Umwandlung von Vokalen und dem Gebrauch der Buchstaben „b"und „v" ab. Während in Hamburgs Süden das „b" wie im Hochdeutschen gesprochen wird, verformt es sich im Geest-Platt zu einem „v". Hamburgs Nordlichter sagen also „geven" statt „geben". Das Marsch-Platt differenzieren geübte Ohren noch nach Harburger Platt, Vierländer-Platt, dem Platt des Alten Landes und dem Hafenplatt. So zeichnet sich das in St. Pauli gesprochene Hafenplatt durch besondere Ausdrücke aus, während das Vierländer Platt dem Mecklenburger ähnelt.

4 Richtig plattsnacken können heute nur wenige Hamburger.

Lediglich 8 Prozent schätzen sich als „good" oder „bannig good" ein. Zum Vergleich: In Mecklenburg-Vorpommern bescheinigen sich 19 Prozent der Einwohner gute oder sehr gute Kenntnisse. Der norddeutsche Durchschnitt liegt bei 12,8 Prozent. Deutlich mehr Hamburger sagen, sie könnten es „gor nich" (30 Prozent) oder nur ein paar Wörter (42 Prozent). 20 Prozent der Hamburger können es immerhin „en beten". Wie viele es gerne können würde, fragte die Studie allerdings nicht.

5 Finkenwerder leistete sich als erster Stadtteil plattdeutsche Ortsschilder.

Seit 2010 steht auf ihnen neben dem hochdeutschen Namen auch op platt „Finkwarder". Damit ist nun auch für den schlimmen Fall vorgesorgt, dass jemand des Hochdeutschen nicht mächtig ist und sich fragt, wo in aller Welt er eigentlich sei. Der Schildaktion ging ein Streit in der Bezirksversammlung voraus. Vertreter von SPD und GAL wollten keine zweisprachigen Schilder. Die Sozialdemokraten schwenkten dann aber doch zu einer Großen Sprachkoalition mit den Christdemokraten ein.

6 Missingsch ist mehr als nur über s-pitze S-teine s-tolpern.

Missingsch ist ein Kuddelmuddel von Hoch- und Plattdeutsch. Bundesweit bekannt wurde die ganz spezielle Hamburger Mundart durch Fernsehmitschnitte des Ohnsorg-Theaters. Typisch fürs Missingsch ist das konsequente Weglassen des Buschstabens „R“ nach Vokalen. Zum Beispiel „ganich“ statt „gar nicht“ und „nomal“ statt „normal“. Auch galante Pluralbildungen durch Anhängen eines „s“ am Wortende wie bei „Männe(r)s“ und „Compute(r)s“ sind typisch.

7 Das „Hamburgische Wörterbuch“ verzeichnet platte Ausdrücke.

Fast 90 Jahre arbeiteten Wissenschaftler am fünfbändigen Werk. 2006 abgeschlossen, führt es alle niederdeutschen Wörter Hamburgs auf. Grundlage waren das „Idioticon Hamburgense“ und eine Loseblatt-Sammlung mit einer Million Belegen aus 800 Jahren Sprachgeschichte. Einem Hamburger verdankt das Niederdeutsche übrigens auch die Vereinheitlichung der Rechtschreibung. Bis Johannes Saß (1889–1971) sie in einer Art Platt-Duden festlegte, gab es keine verbindlichen Regeln.

Post

Eine Flaschenpost war nicht nur etwas für romantische Seelen, sondern auch für Wissenschaftler. Hamburger Meeresforscher maßen so Strömungen in den Ozeanen.

1 Briefe zu verschicken war im 19. Jahrhundert eine Wissenschaft für sich.

Sage und schreibe sieben unabhängige Postunternehmen boten damals gleichzeitig ihre Dienste in Hamburg an. Die freie Qual der Wahl hatten Kunden selbstverständlich nicht. Je nachdem, wohin ihr Brief gehen sollte, mussten sie ihn der schwedisch-norwegischen, der hannoverschen, der mecklenburgischen, der dänischen, der preußischen oder der Thurn-und-Taxis-Post überlassen. Jede dieser „Pöstchen" wachte mit Argusaugen über das eigene Monopolgebiet. Für die Zustellung innerhalb des Hamburger Stadtgebietes gab es – warum auch nicht? – noch eine eigene Stadtpost. Die übernahm glücklicherweise auf Wunsch auch die Zustellung eines Briefes an die richtige „Auslandspost". Um das ganze Wirrwarr noch ein bischen konfuser zu gestalten, pochte jede Firma natürlich auf eigene Briefmarken, Portosätze, Gewichte und Briefmaße.

2 Die Hamburger Stadtpost brachte 1859 ihre ersten Briefmarken heraus.

Sie waren bereits gummiert (und damit anleckbar), hatten allerdings noch keine Zacken. Besonders wertvoll sind die ältesten Hamburger Briefmarken heute aber nicht. Briefmarkenhändler im Internet bieten sie schon für rund 10 Euro an – zuzüglich Porto.

3 Briefkästen waren nicht als Großtat der Moderne geplant.

Als am 1. Januar 1865 die ersten Briefe in die Schlitze der neu aufgehangenen Postkästen geworfen wurden, war das eine schlichte Sparmaßnahme. Die Hamburger Stadtpost hatte sich eine schlankere Struktur gegeben und alle 28 Annahmestellen geschlossen.

4 Ein Hamburger baute die erste deutsche Frankiermaschine.

Das Aufkommen von Briefmarken und immer größere Briefmengen stellten die Postgesellschaften ab Mitte des 19. Jahrhunderts vor ein großes Problem: Wer sollte bloß die ganzen Marken stempeln? Messungen zeigten, dass Postbeamte in der ersten Minute bis zu 80 Stempel auf Briefe knallten. Danach nahm ihre Geschwindigkeit innerhalb kurzer Zeit rapide ab. Der Hamburger Kaufmann Robert Hinrichsen hatte 1867 die zündende Idee. Nach seinen Vorstellungen wurden die ersten deutschen Frankiermaschinen gebaut. Die Hamburger Stadtpost und die preußische Post in Berlin zeigten sich begeistert und probierten sie in langjährigen Versuchen aus. Allerdings waren die Maschinen nicht sonderlich gut. In ihrem Stempelwahn zerstörten sie Briefe und brauchten zudem fürs Funktionieren drei Beamte. Zeit und Geld sparte das nicht.

5 Hamburg war die einzige deutsche Stadt mit einer Straßenbahnpost.

Ab September 1922 bot die Hansestadt einen ganz besonderen Service. An jeder Straßenbahn, die über die Steintorbrücke, die Mönckebergstraße oder den Georgsplatz fuhr, hing ein Briefkasten, in den jeder seine Briefe und Postkarten werfen konnte. Zwischen 7 und 23 Uhr wurden die Kästen von Standposten geleert und von Läufern im Zehn-Minuten-Takt zum damaligen Postpavillion am Hauptbahnhof gebracht. Von dort ging die Reise beispielsweise mit der Rohrpost weiter. Briefe erreichten so schnell und günstig ihre Empfänger. Das System war bis weit in den Zweiten Weltkrieg hinein aktiv. Erst 1943 wurde der Service aufgrund der großen Zerstörungen eingestellt. Von 1949 bis 1958 wieder aufgenommen, kapitulierte er schließlich vor der übermächtig werdenden Konkurrenz von Telefon und Telefax.

6 Auf der Alten Post thront eine riesige Investitionsruine.

Wer ein bisschen genauer hinschaut, wird nahezu zwangsläufig stutzen: Auf dem viereckigen Uhrturm der Alten Post steht ein zweiter kleiner Turm. Der ist aber achteckig. Die architektonische Ungereimtheit hat einen kuriosen Grund. Das Gebäude im Stile Florentiner Adelspaläste entstand ab 1845. Obwohl die norditalienischen Vorbilder keinen Turm haben, bauten die Hamburger einen. Auf ihm sollte die optische Telegrafenlinie Cuxhaven–Hamburg enden. Jeweils in Sichtweite zueinander stehend wurden von Station zu Station Nachrichten ausgetauscht. Die Betonung liegt auf „Sicht". Wie sich herausstellte, war der Turm der Alten Post viel zu klein und damit nutzlos.

Flugs setzte man den kleineren obenauf. Nach wenigen Monaten ging er außer Betrieb. Die Morsetelegraphie machte ihn zur Invest-Ruine.

7 **Unter der Oberfläche ist die Innenstadt löchrig wie ein Schweizer Käse.**

Schuld daran ist eine technische Innovation des 19. Jahrhunderts. 1864 ging in der Hansestadt ein erstes Rohrpostsystem in Betrieb. Damit konnten innerhalb weniger Minuten Briefe und Karten durch die boomende Wirtschaftsmetropole geschickt werden. Mit ordentlich Druckluft angetrieben, zischten Postbehälter durch Hamburgs Untergrund. Die Einrichtung ersparte lange Botengänge und mit zunehmendem Straßenverkehr auch nervtötendes Herumstehen im Stau. Sogar während des Zweiten Weltkrieges arbeitete die Anlage, bis sie durch zu starke Beschädigungen vorübergehend stillgelegt werden musste. Wieder repariert, ging es Ende der 1940er Jahre weiter. Weltweit einmalig war ein zweites Rohrpostsystem, das es ebenfalls in Hamburg gab. Die Deutsche Bundespost werkelte ab 1960 für sieben Jahre an einer Großrohrpost. Über 40 Kilometer Röhren mit einem Durchmesser von einem knappen halben Meter wurden dafür verlegt. Einen Rückschlag erlitten die Bauarbeiten allerdings durch die Sturmflut 1962, die viele Röhren überflutete. Das Besondere am Großsystem: Mit ihm konnten ganze Pakete verschickt werden. Nach dem erfolgreichen Abschluss des Hamburger Pilotprojektes sollten auch in anderen Städten der Bundesrepublik Anlagen dieser Dimension installiert werden. Es kam anders: Nach 16 Jahren brach man das Experiment ab. Die Erfindung des Telefax machte die Rohrpost nutzlos.

Rathäuser

Neben dem Michel gilt das Hamburger Rathaus als Wahrzeichen der Stadt. Es ist bei Weitem nicht das einzige, in dem über die Geschicke der Hansestadt entschieden wurde und wird.

1 Altonas Rathaus stand am Anfang ganz schön unter Dampf.

Allerdings lag das nicht an sonderlich hohen Anforderungen gegenüber den Ratsbediensteten, sondern daran, dass das Rathaus einst als Bahnhof gebaut und genutzt wurde. Zwischen 1844 und 1891 endete dort die „König Christian VIII. Ostseebahn" der Route Kiel–Altona – übrigens die erste Linie im damals dänischen Holstein. Mit zunehmendem Eisenbahnverkehr von und nach Altona – 1866 kam eine Strecke nach Hamburg, im Jahr darauf eine nach Blankenese hinzu – entpuppte sich der Prachtbau als zu klein. Nur 500 Meter entfernt errichtete man daher einen neuen und verkaufte das alte Gebäude an die Stadt. Die ergänzte einen Nordflügel und zog mit ihrer Verwaltung ein. Auf der ehemaligen Gleisanlage entstand ein Park.

2 Die Bergedorfer hatten es mit ihrem Rathaus nicht ganz so eilig.

Im Jahr 1275 bekam das kleine Bergedorf Stadtrecht. Typisch norddeutsch freute man sich über die große rechtliche Ehre eher zurückhaltend und beschloss, erst einmal nichts zu überstürzen. Weder wurde Bergedorf zu Bergestadt, noch baute sich die Gemeinde ein repräsentatives Rathaus. Erst nach exakt 650 Jahren reichlicher Überlegung fiel der Beschluss für ein eigenes Rathaus. Allerdings nicht gleich für einen kompletten Neu-, sondern für den Umbau einer Fabrikantenvilla.

3 Ein hoher Einsatz bringt nicht automatisch den Hauptgewinn.

Der Große Stadtbrand im Mai 1842 ist eine der größte Katastrophen der Stadtgeschichte. Ihm fiel auch das damalige Rathaus zum Opfer – allerdings war daran vor allem die Hamburger Feuerwehr schuld. Am Morgen des 6. Mai jagte sie den historischen Gebäudekomplex mit 800 Pfund Sprengstoff in die Luft. Der Riesenknall wurde nicht aus Übermut forciert. Die Sprengung sollte ein Übergreifen des Brandes auf den Südosten der Stadt verhindern. Die Sache ging bekanntlich komplett daneben.

4 Wie im Kleinen, so im Großen: Hamburgs neues Rathaus brauchte ewig.

Nach dem Stadtbrand von 1842 musste Hamburg 55 Jahre ohne richtiges Rathaus auskommen. Planung und Neubau verzögerten sich immer wieder. Die Ursachen waren vielfältig. Beim ersten Wettbewerb gefiel keines der 43 eingereichten Projekte. Dann kamen politisch unruhige Zeiten, Epidemien und Wirtschaftskrisen dazwischen. Eine zweite Ausschreibung mit 128 Entwürfen führte zu einem Sieger. Ein Bürgerschaftsbeschluss verhinderte aber die Ausführung. 1887 begann man schließlich zu bauen und schwuppdiwupp: Nach neun Jahren feierte der Ratskeller seine Eröffnung. Das Rathaus darüber brauchte noch einmal 19 Monate länger. Dann war der ganze Stolz der Hansestadt fertiggestellt. Die Baukosten: 11 Millionen Goldmark – statt geplanter 5,6 Millionen.

Reederein

In die große, weite Welt und wieder zurück: Hamburgs Reeder schippern Menschen und Waren über alle Ozeane. Nur noch selten unter deutscher Flagge, aber eine Menge Jobs in der Hansestadt bietend.

1 Die älteste deutsche Reederei ist seit sieben Generationen in Familienbesitz.

1838 gegründete der aus England kommende Robert M. Sloman (1783–1867) in Hamburg seine Reederei. Sloman sorgte mit seiner Firma immer wieder für Neuerungen. So bot er mit seinem Schiff „Helena Sloman" als Erster Dampfschiffreisen von Deutschland nach Amerika an, baute auf Steinwerder das erste deutsche Trockendock, begann im Alleingang, die Elbe auszubaggern, und gehörte zu den Initiatoren der „Deutschen Gesellschaft zur Rettung Schiffbrüchiger". Seine Erben betreiben die Firma bis heute in diesem Geist weiter. Die Hamburger Stammfirma wird als einzige Hamburger Reederei als OHG geführt. Das bedeutet: Im schlimmsten Fall haftet die Familie mit ihrem Privatvermögen – ein klassisches hanseatisches Kaufmannsverständnis.

2 Die Reeder der Hansestadt waren die ersten, die sich zusammenschlossen.

Moderne Lobbyarbeit war das erklärte Ziel von 35 Hamburger Kaufleuten, die sich Anfang 1837 zum Verein „Hamburgischer Rheder“ zusammenschlossen. Dem traditionsreichen Interessenverband, der erste seiner Art in Deutschland, gehören heute 29 Reedereien an. Neben den eigenen kommerziellen Interessen kümmerte sich der Verband schon bei der Gründung um Sozialstandards für die eigenen Seeleute.

3 Bielefelder Puddingkönigen gehört eine Hamburger Traditionsreederei.

Dr. Oetker engagiert sich seit 1955 nicht mehr nur in Sachen Schokopudding mit Vanillesoße, sondern auch im Schifffahrtsgeschäft. Der Familienkonzern übernahm die Reederei Hamburg Süd. Mit 4,8 Milliarden Euro Jahresumsatz ist die 1871 als „Hamburg-Südamerikanische-Dampfschifffahrts-Gesellschaft“ gegründete Firma heute ein Global-Player. In den 1920er Jahren war sie ein Pionier im Kreuzfahrtgeschäft.

4 Jeder Hamburger Steuerzahler ist seit 2012 ein echter Reeder.

Für alle Hamburger, die es bisher noch nicht wussten und es daher versäumt haben könnten, sich einen hanseatischblauen Anzug standesgemäß aufbügeln zu lassen: Seit März 2012 sind alle braven Bürger Miteigner der Hapag-Lloyd AG. Mit den Stimmen von SPD und Linkspartei stimmte die Bürgerschaft für einen Kauf der Aktienmehrheit an der Traditionsreederei. Etwa 37 Prozent der Firma gehören nun der Hansestadt. Damit sollte der drohende Verkauf an und die mögliche Zerschlagung des Konzerns durch die asiatische Konkurrenz verhindert werden. Hapag-Llyod ist mit seinen rund 150 Containerschiffen und über 6 Milliarden Euro Jahresumsatz nicht nur viertgrößte Reederei der Welt, sondern ein Urgestein der maritimen Wirtschaft Hamburgs.

Schätze

Geocaching wird in Hamburg immer beliebter. Mit einem GPS-Gerät ausgestattet, ziehen Hobbyabenteurer durch die Stadt und suchen versteckte „Schätze". Das können zum Beispiel besonders außergewöhnliche Orte sein.

1 Einfach drauf losbuddeln und reich werden, ist kein genialer Plan.

Vom Auffinden eines richtigen Schatzes träumen nicht nur Kinder. Auch einige Erwachsene hegen diese Wunschvorstellung und machen sich mit Metalldetektoren auf die Suche nach verborgenen Reichtümern. Sollte es einmal – wider realistischer Perspektive – klappen, ist der Finder oder die Finderin allerdings nicht automatisch ein reicher Glückspilz. Die Kostbarkeiten stehen laut Gesetz der Stadt Hamburg zu. Mit dem sogenannten Schatzregal sichert sie sich alle Bodendenkmäler, dazu zählen eben auch Krüge voller alter Goldmünzen. Begründet wird das Vorgriffsrecht mit der historischen und archäologischen Bedeutung von Funden. Stößt man – beispielsweise bei Bauarbeiten – zufällig auf einen Schatz, ist man verpflichtet, ihn zu melden. Erst wenn sich die Behörden nach 72 Stunden nicht zurückgemeldet haben, darf man weitergraben.

2 Die Stadt Hamburg besitzt einen wertvollen Schatz aus Silber.

Seit dem 17. Jahrhundert verfügt der Senat der Hansestadt über einen stetig wachsenden und prunkvollen Schatz. Er besteht heute aus etwa 80 silbernen Kunstgegenständen wie Vasen, Kannen und Bestecken. Ihr Gesamtwert wird auf rund 1,5 Millionen Euro taxiert. So ganz genau weiß das allerdings niemand, denn einen Versuch, das Senatssilber zu verscherbeln, würde wahrscheinlich nicht einmal ein absolut bankrotter Finanzsenator wagen. Grund für das Tabu ist eine Episode aus dem Jahr 1904. Sie zeigte, wie heilig den Hamburgern ihre Trophäensammlung, die ausschließlich aus Geschenken besteht, ist. Damals war in der Hansestadt der britische König Edward VII. (1841–1910) zu Gast. Stolz präsentierte man dem Adligen den bürgerlichen Schatz. Seiner Hoheit gefielen ganz besonders zwei Kannen mit kunstvoll gearbeiteten Ansichten von Alster und Elbe. Ganz gegen die republikanische Tradition der Stadt und die Historie des Schatzes schenkte man dem Briten beide Pokale. In Hamburg sorgte das sofort für einen Sturm der Entrüstung. Wie konnte es sein, dass dem Briten ohne Umschweife das schöne Tafelsilber hinterhergeworfen wurde? Das ungebührliche Geschenk an den Staatsgast wuchs sich zu einer regelrechten Staatsaffäre aus. Edward wurde die Sache schließlich so peinlich, dass er als Gegengeschenk einen silbernen Pokal nach Hamburg schickte. Der sogenannte „Holbein-Pokal" ist seitdem das absolute Prunkstück der Sammlung – und ewige Mahnung, alles schön zusammen zu halten.

3 Eine Altonaer Schule verfügt über eine wertvolle Bibliothek.

Das Christianeum ist nicht nur eine der ältesten Schulen der Stadt, sondern auch eine der vermögendsten. Die Lehranstalt mit dänischen Wurzeln – ihre Gründung geht auf den dänischen König Christian VI. (1699–1746) zurück – besitzt eine umfangreiche historische Bibliothek mit rund 29.000 Bänden. Damit ist sie in Deutschland nahezu einzigartig. Sorgsam über die Jahrhunderte gesammelt und bewahrt, befinden sich in ihr viele rare Exemplare von Büchern. Neben wissenschaftlichen Sachbüchern gibt es auch Weltliteratur: Für eine bebilderte Ausgabe von Dantes Comedia, die sich im Besitz des Gymnasiums befindet, würden Liebhaber gut und gerne eine zweistellige Millionensumme hinblättern. Eine Inkunabel-Sammlung, das sind mittelalterliche Druckwerke, die gleich nach der Erfindung des Buchdrucks erschienen, ist ebenfalls äußert wertvoll. Besorgten Bibliophilen sei an dieser Stelle versichert: Ungewaschene Schülerhände tatschen die seltenen Bücher nicht an. Sie liegen sicher verwahrt in einem Tresor. Zu ihrem reichen Bestand kam die Bibliothek, deren erster Direktor 1743 seinen Dienst antrat, vor allem durch Spenden. Wohlhabende Bürger vermachten oder kauften der Institution einzelne Werke oder gleich ganze Sammlungen. Auch das Christianeum zeigte sich spendabel: Nach dem Zweiten Weltkrieg übergab die Schule der Hamburgischen Staats- und Universitätsbibliothek 10.000 Bände, da Letztere hohe Verluste erlitten hatte. Damit schloss sich zugleich ein historischer Kreis. Viele Buchspenden, die das Christaneum in den vergangenen Jahrhunderten erhielt, erfolgten unter einer Prämisse: Die Schule galt lange als möglicher Nukleus für eine zu gründende Universität samt Bibliothek.

4 Reichte der Fluch des Pharaos bis an die Elbmündung?

Es war einer der schwersten Stürme, der jemals über das Wasser der Elbmundung vor Cuxhaven brauste. Der Orkan, der in der Nacht vom 11. auf den 12. März 1822 wütete, forderte zahlreiche Todesopfer und brachte unter anderem den Segler „Gottfried“ zum Kentern. In seinem Inneren barg das für damalige Verhältnisse hochmoderne Frachtschiff eine ganz besondere Ladung: 97 Kisten voller antiker Schätze. Sie stammten aus Ausgrabungen in Ägypten und waren seit knapp vier Monaten mit der „Gottfried“ vom italienischen Triest Richtung Hamburg unterwegs. Die Mumien, Kult- und Kunstgegenstände sollten in Berliner Museen für eine Sensation sorgen. Das hätten sie gewiss, denn wie wertvoll das altägyptische Sammelsurium war, zeigt eine bis heute erhaltene Inventarliste. Doch leider ist fast alles seit dem Unglück verschollen. Nur einige Mumien trieben vier Tage nach der Katastrophe an den Elbstrand bei Neuhaus. Sie wurden „amtlich gesichert“. Da sich jedoch überraschenderweise zunächst kein Eigentümer meldete, wurde das Strandgut versteigert und ist seitdem nie wieder aufgetaucht. Nur durch einen Zufall fand eine Ägyptologin im Jahr 2003 im Magazin des Hamburger Museums für Kunst und Gewerbe einen mysteriösen Briefumschlag. Darin eine Haarlocke, eine Art Mullbinde und die handschriftliche Notiz, dass es sich um Teile der angeschwemmten „Gottfried“-Fracht handele. Wo genau der Rest des wertvollen Altertumsschatzes liegt, weiß niemand, obwohl Forscher und Trophäenjäger seit Jahrzehnten intensiv nach ihm suchen. Sicher ist nur: irgendwo im Elbschlick.

Schriftsteller

Arno Schmidt, Walter Jens, Karen Duve – die Aufzählung ließe sich nahezu ewig weiterführen: Hamburg war und ist Heimat für viele Schriftstellerinnen und Schriftsteller.

1 Der Hamburger Harry Rowohlt ist ein absolutes Multitalent.

Kaum ein anderer deutscher Schriftsteller verfügt über so ein breites Spektrum künstlerischer Ausdruckskraft. Das Multitalent ist nicht nur ein gefeierter Übersetzer, beliebter Schauspieler und vielgelesener Autor, sondern auch ein begeisternder Vorleser. Dies alles paart sich mit einer herrlichen Portion Selbstironie. Rowohlt bezeichnet seine vielstündigen Lesungen selbst als „Schausaufen mit Betonung“.

2 Der Vater der deutschen Klassik verbrachte seinen Lebensabend in Hamburg.

Zu den Bewunderern Friedrich Gottlieb Klopstocks (1724–1803) zählten unter anderem Goethe und Schiller. Bahnbrechend an seinem Werk war das Dichten in Hexameter-Versform und die Wahl irrationaler Sujets. Zu Lebzeiten erreichte er damit nur ein begrenztes Publikum. Lessing dichtete: „Wer wird nicht einen Klopstock loben? Doch wird ihn jeder lesen? – Nein! Wir wollen weniger erhoben und fleißiger gelesen sein.“

3 Lessing schrieb die „Hamburgische Dramaturgie".

Der im sächsischen Kamenz geborene Gotthold Ephraim Lessing (1729–1781) kam 1767 in die Elbmetropole, um am ersten deutschen Nationaltheater als Dramaturg zu arbeiten. In dieser Zeit schrieb er mit der „Hamburgischen Dramaturgie" ein Grundlagenwerk der Literaturwissenschaft. Sein Engagement in der Hansestadt endete unglücklich: Das Theater war nach drei Jahren pleite.

4 Der Wandsbeker Matthias Claudius ist einer der bekanntesten Romantiker.

Sein unsterbliches Gedicht „Der Mond ist aufgegangen" verzaubert Leser bis in heutige Tage. Im Alltag ging es bei Claudius (1740–1815) eher pragmatisch zu. Sein täglich Brot verdiente er als Redakteur bei der Zeitschrift „Wandsbeker Bothe". Als Erinnerung an den berühmten Mitbürger zieren seit 1870 ein Hut, eine Tasche und ein Schirm das Stadtteil-Wappen.

5 Mit ihren Büchern erreicht Ildikó von Kürthy ein Millionenpublikum.

Die ehemalige Stern-Reporterin Ildikó von Kürthy ist eine der meistverkauften Autorinnen der letzten Jahre. Die Auflagen ihrer Bücher, darunter der Bestseller „Mondscheintarif", erreichten zusammen schon mehr als 6 Millionen Exemplare. Zu dieser beeindruckenden Zahl tragen auch die zahlreichen internationalen Ausgaben ihrer Romane bei. Sie sind teilweise in bis zu 30 Sprachen übersetzt.

6 Heinrich Heine begann seine schriftstellerische Laufbahn in Hamburg.

Der geniale Spötter Heine (1797–1856) absolvierte im Unternehmen eines Hamburger Onkels eine Banklehre und begann gleichzeitig seine Dichterkarriere. Die Zeitschrift „Hamburgs Wächter" veröffentlichte 1817 von ihm erste Gedichte. Österreichs Kaiserin Elisabeth I. (1837–1898), eine glühende Verehrerin des Dichters, wollte der Stadt 1891 ein Heine-Denkmal stiften, wurde aber brüsk abgewiesen.

Schulen

Rund 200.000 Schülerinnen und Schüler drücken Hamburgs Schulbänke. Etwas mehr als die Hälfte hat am Ende der Schulzeit ein Abitur in der Tasche. Im bundesweiten Vergleich ist das ein Spitzenplatz.

1 Wegen Schulen drohte ein bockiger Papst Hamburgern mit der Hölle.

Papst Bonifaz IX. (1350–1404) belegte die Hansestadt im Jahr 1402 mit einem Kirchenbann. Für gläubige Christen der damaligen Zeit eine der schlimmsten Qualen. Ein Bann hatte zur Folge, dass in der Stadt keine Gottesdienste mehr abgehalten und – was noch viel schlimmer war – Sterbenden offiziell kein letztes Sakrament mehr erteilt werden durfte. Kurz gesagt: Allen Hamburgern drohte nun ausnahmslos die Hölle. Der Hintergrund für die drakonische Maßnahme war hingegen denkbar irdisch: Zwischen Senat und Kirche gab es wieder einmal einen heftigen Streit um die Schulen in der Stadt. Die päpstliche Hamburger Domschule, die das Bildungsmonopol in Hamburg beanspruchte, sah in neu entstehenden privaten Schreibschulen unliebsame Konkurrenz. Erst nach einer hohen Geldstrafe, die die Stadt an den Papst zahlte, hatten die Hamburger wieder eine Chance aufs Paradies.

2 Hamburgs Lehrer durften ihre Schüler relativ lange prügeln.

Das Schlagen an Hamburgs Lehranstalten wurde 1969 abgeschafft. Das war immer noch deutlich früher als in vielen anderen Bundesländern. Während den bayerischen Pädagogen noch bis 1983 die Prügelstrafe zustand („gewohnheitsrechtliches Züchtigungsrecht"), verbannte die DDR Prügelpauker bereits 1949 aus den Klassenzimmern.

3 Drei Hamburger Gymnasien haben besonders lange Traditionen.

Das älteste Gymnasium der Stadt ist die „Gelehrtenschule des Johanneum". Seine Gründung war eine direkte Folge der Reformation. Johannes Bugenhagen, ein enger Freund Martin Luthers, richtete die Schule 1529 ein. Kein Zufall, sondern konsequentes Handeln: Mit dem reformierten christlichen Glauben kam es zu einer neuen Sicht auf die Bedeutung von Wissen. Ähnlich lange Wurzeln besitzt auch das 1628 gegründete Harburger Friedrich-Ebert-Gymnasium. Zum damaligen Zeitpunkt war es natürlich noch nicht nach dem ersten Reichspräsidenten der Weimarer Republik benannt. Die „Höhere Schule" firmierte bis zu ihrer 1968 erfolgten Umbennung unter verschiedenen Namen. Das Altonaer Christianeum von 1738 wechselte seinen Namen im Laufe der Geschichte hingegen nie. Voller Stolz erinnert er noch heute an den Gründungspatron: den dänischen König Christian VI. (1699–1746).

4 Hamburger drückten sich am längsten um die Schule.

Erst im November 1870 führte der Senat die Schulpflicht für alle Kinder zwischen 6 und 14 Jahren ein. Damit war Hamburg der letzte deutsche Teilstaat, der seinen Nachwuchs in eine allgemeine Volksschule schickte. Die Bedingungen an den neuen Lehranstalten waren größtenteils katastrophal. Klassen bestanden aus 50 Schülern – und das stellte nicht die angestrebte Höchstzahl dar, sondern die Mindesstärke! Ganze zehn Jahre hatten Stadtpolitiker diskutiert, wie das 1860 gefallene Bildungsmonopol der Kirche sinnvoll ersetzt werden könnte. Vor allem die Frage, ob sich die unterschiedlichen sozialen Schichten in Schulen künftig mischen sollten, war heiß umstritten.

5 Besseres Lernen blieb in Hamburg keine Idee.

In der Zeit der Weimarer Republik galt die Hansestadt als Zentrum der Reformpädagogik. Ein herausragendes Beispiel war die Lichtwarkschule. Sie wurde zwar schon 1914, also im Wilhelminischen Kaiserreich, gegründet, gelangte aber erst nach dem Ersten Weltkrieg zur vollen Blüte. Erstmals lernten Mädchen und Jungen zusammen in einer Klasse. Nicht nur die Koedukation war konservativen Kritikern suspekt. Auch die starke Eltern- und Schülerbeteiligung sowie die künstlerische und kulturelle Ausrichtung führten zu Schmähungen. Die Lichtwarkschule galt als „rotes Mistbeet am Stadtpark“. Zwei Schüler schwärmten hingegen zeitlebens von ihrer Schule: Loki und Helmut Schmidt.

6 Auch in Hamburg „zählte der Prophet im eigenen Land nichts".

Ein unkomplizierter Zeitgenosse war der Hamburger Gelehrte Johann Bernhard Basedow (1724–1790) nicht. Als strikter Gegner der real existierenden Amtskirche sorgte er ständig für Skandale. Einige Pamphlete, in denen er kräftig gegen „unbiblischen Pastorenglauben" und kirchliches Bildungsmonopol wütete, wurden sogar verboten. Besonders die Schulpolitik hatte es Basedow angetan. Für ihn gehörten alle Lehranstalten unter die alleinige Aufsicht des Staates. Die Kirchen sollten sich zurückziehen und ihre seltsamen Lehrmethoden gleich mitnehmen. Viele Freunde brachte ihm das nicht. 1771 erhielt Basedow dennoch einen Ruf ins Fürstentum Anhalt-Dessau. Der aufgeklärte Regent Leopold III. (1740–1817) wollte seinen Kleinstaat zu einem Musterland machen und sah in guter Bildung den Schlüssel zur Zukunft. Basedow ergriff die Chance und gründete in Dessau eine Musterschule. Im „Philanthropinum" („Schule der Menschenfreunde") galten neue Lehrmethoden. Statt Drill und Auswendiglernen förderte Basedow seine Schüler individuell. Freigeistig war auch der Schülermix aus Christen, Juden, Muslimen und selbst Atheisten. Und noch etwas schuf der Hamburger in Dessau: Das „Elementarwerk" – das erste illustrierte Schulbuch. Es entstand zusammen mit dem berühmtesten Grafiker der damaligen Zeit: Daniel Chodowiecki (1726–1801).

Segeln & Rudern

Hamburg ist eine absolute Wassersport-Hochburg in Deutschland. Viele Disziplinen wurden in der Hansestadt zuerst ausprobiert.

1 Wassersportvereine verzeichnen keinen Mitgliedermangel.

Nach Turnen, Fußball und Tennis zählt Segeln zu Hamburgs beliebtesten Sportarten. Die 67 Segelvereine haben rund 12.000 Mitglieder, dicht gefolgt von etwa 10.000 Schwimmern. Zudem gibt es 22 Kanu- und 20 Rudervereine mit 3.800 beziehungsweise 5.200 Mitgliedern. Zählt man die 1.200 Taucher und 1.385 Motorboot„sportler“ hinzu, ergibt das eine Menge Bewegung auf, im und unter Wasser.

2 Hamburger Polizisten erfanden angeblich eine komplett neue Sportart.

Einer Legende zufolge hatten Sportler des Polizeisportvereins die Idee zum „Kanu-Polo“. Gesichert ist, dass die Hansestadt 1927 Austragungsort des ersten offiziellen Wettkampfs war. Gegen die Hamburger Polizeitruppe trat ein gemischtes Team aus Bremern und Berlinern an. Da man noch Faltboote nutzte, die beim Polo erhebliche Schäden erlitten, geriet der Sport später in Vergessenheit. Heute ist er wieder „in“.

3 Deutschlands erster Ruderclub gründete sich 1836 in Hamburg.

Gründungsmitglieder waren nicht irgendwelche dahergelaufenen Wassersportfreunde, sondern nur die Söhne angesehener Hamburger Kaufmannsfamilien, wie die Sievekings und Godeffroys. Ihr „Hamburger und Germania Ruderclub" existiert bis heute. Er ist damit der zweitälteste seiner Art in der Welt. Wie bei vielen andere Sportarten, deren Deutschland-Premiere in Hamburg stattfand, kam die Anregung zum Rudern aus England. Exil-Briten hatten bereits drei Jahre zuvor den „British Rowing Club" in Hamburg gegründet und imponierten den Einheimischen mit ihren eleganten Booten. Das eiserne Festhalten an Traditionen übernahm der Ruderclub übrigens gleich mit. Seit 176 Jahren gibt es beim „Hamburger und Germania Ruderclub" eine eiserne Regel: Frauen dürfen nicht Mitglied werden.

4 Auf der Alster fand 1850 die erste Segelregatta Deutschlands statt.

Segeln als Freizeitspass war damals ganz neu und eine richtige Hamburger Spezialität. Ausrichter des Wettkampfes war der 1844 gegründete „Allgemeine Alster-Club", in dem sich Ruderer und Segler zusammentaten. Die Idee dazu kam ebenfalls als England-Import. Nahezu zwangsläufig war dann ein weiterer Meilenstein im deutschen Segelsport: 1888 gründete sich in der Hansestadt der „Deutsche Seglerverband".

5 Ein Hamburger gewann als erster Deutscher ein Rennen über den Atlantik.

Jörg Riechers erfüllte sich im April 2012 einen Traum, den so mancher Freizeitsegler hat, aber nur echte Könner schaffen: im eigenen Boot den Atlantik zu queren. Riechers schaffte das sogar einhand, das heißt komplett allein – als Sieger bei einer internationalen Regatta. Als erster Deutscher gewann er das Wettrennen „Solidaire du Chocolat" von der Bretagne nach Mexiko. 2016 will Riechers nonstop um die Welt.

Straßennamen

Manche Nicht-Hamburger finden den Namen „Jungfernstieg" kurios. Laufen dort wirklich Jungfrauen umher? Ja! Die Prachtstraße war schon früher ein Ort fürs Sehen und Gesehen-Werden. Der Name kommt genau daher.

1 **In der Knochenhauertwiete braucht heute niemand Angst zu haben.**

Der Name der kleinen Gasse zwischen Mönckeberg- und Rathausstraße klingt im ersten Moment ein wenig gewalttätig. Doch Bedenken, dass dort arglose Passanten von Bösewichten mit Knochen malträtiert werden, erweisen sich (in der Regel) als überflüssig. Die Straße kam durch eine Berufsgruppe zu ihrem Namen. Im alten Hamburg hatten dort Knochenhauer ihre Läden – und das sind nichts anderes als Fleischer.

2 **In der Straße Große Bleichen trifft man keine seltsamen Gestalten.**

Anders als zu vermuten, laufen dort keine Menschen mit ungesunder Gesichtsfarbe umher. Allerdings war die Tätigkeit, der Menschen dort früher nachgingen, alles andere als gesund. Hier gab es Textilbetriebe, in denen Stoffe gebleicht wurden. Der Bereich lag vor den Toren der Stadt und bot zudem zahlreiche Wiesen, auf denen die Stoffe zum Trocknen und Nachbleichen ausgelegt werden konnten.

3 Im Stinkbüdelsgang half nur eins: Nase zu und durch!

Heute gibt es in Hamburg keine Straße mehr, die diesen Namen offiziell trägt. Allerdings gab es früher einige Gassen, die ihn sich im Volksmund redlich verdienten. Häufig kamen Stinkbüdelsgänge zu ihrem Namen, weil es in ihnen unabgedeckte Kanalisationen gab und es entsprechend roch. Auch für eine Fußgängerbrücke über die Bille bürgte sich der kuriose Name ein.

4 Über die Adresse „Hühnerposten" gackert nicht nur das Federvieh.

Ganz in der Nähe vom Klostertor befindet sich einer der witzigsten Straßennamen Hamburgs. Einst lag dieser Bereich weit vor den Toren der Stadt, wurde aber durch einen Wachposten abgesichert. Den einsamen Wächtern leisteten in der öden Gegend nur Hühner Gesellschaft. Aus dem scherzhaften Begriff „Hühnerposten" wurde später eine richtige Adresse.

5 **Die Silbersackstraße auf St. Pauli ist nicht anrüchig.**

Wild umherhüpfende Säcke voll Silber gab es dort nie zu sehen. Genauso wenig wie – was in Zeiten von Extrem-Piercings nicht komplett ungewöhnlich wäre – mit Edelmetall eingefasste [redacted]! Was immer die Phantasie noch so hergibt: Die Realität ist deutlich weniger glamourös. Die Straße erhielt den Namen vom ehemaligen Besitzer. Ein gewisser Herr Silversack kaufte sie 1697. Wenig später benannte man sie um.

6 **Auf der Rutschbahn kam so mancher ins Schlittern.**

Allerdings nicht ungewollt. Die Straße „Rutschbahn" im Stadtteil Rotherbaum verdankt ihren Namen nämlich tatsächlich einer Schlitterstrecke. Der Wirt eines Gasthauses legte sie an. Seine Geschäftsidee: Bier trinken und schlittern. Der Plan ging auf: Gäste kamen in Scharen. Auch im Blankeneser Treppenviertel gibt es übrigens eine Straße, die ähnlich heißt. Der „Rutsch" bekam erst sehr spät eine Treppe spendiert.

7 In der Thusneldastraße ist weit und breit keine Tussi in Sicht.

Nervende Frauenzimmer werden uncharmant, aber meist zutreffend als Tussis bezeichnet. Natürlich sagt der Stellinger Straßenname nichts über den Gemütszustand seiner Anwohnerinnen aus. Vielmehr bezieht er sich auf die historische Figur der Thusnelda. Sie war die Gattin des Germanenfürsten Arminius – das ist der mit der Schlacht im Teutoburger Wald. Seine Straße liegt gleich daneben.

8 Warum heißt der Leichenweg eigentlich nicht gleich Zombiestraße?

Im alten Hamburg gab einen sogenannten Leichenweg. Der hatte aber nichts mit lebenden Toten zu tun, die noch mal auf Schusters Rappen wandelten, sondern mit detaillierten Bestattungsgesetzen unserer Vorfahren. Wegen der Seuchen verlegte man im Mittelalter Friedhöfe außerhalb der Stadtmauern. Der Transport der Verstorbenen dorthin musste auf genau festgelegten Routen – den Leichenwegen – erfolgen.

Sündige Jobs

Hamburg gilt als Hochburg des angeblich ältesten Gewerbes der Welt. Seit 2002 sind Prostituierte sogar gesetzlich abgesichert. Das war in der Vergangenheit bestimmt nicht so.

1 Prostitution gibt es in Hamburg seit mindestens 720 Jahren.

Die erste schriftliche Erwähnung des sündigen Gewerbes findet sich in einem Gesetzbuch von 1292. Darin werden die Damen des horizontalen Gewerbes als „wandelbare Frauen" bezeichnet – im Gegensatz zu „ehrlichen Frauen". Um zwischen beiden „Typen" unterscheiden zu können, verbot man Prostituierten das Tragen von Schmuck und Kapuzen mit Kragen. Zu diesem Zeitpunkt gab es in Hamburg wahrscheinlich noch keine festen Bordelle. Allerdings existierten bestimmte Orte, an denen klar war, dass körperliche Zuneigungen dort nicht aus reiner Nächstenliebe zu haben waren. Das frühe Gesetz zeigt, dass das Gewerbe offensichtlich als moralisch nicht ganz korrekt angesehen wurde, es jedoch zu diesem Zeitpunkt nicht verboten war.

2 Geld stinkt nicht! Es ist noch nicht einmal anrüchig.

Nach diesem Motto handelten Hamburgs Stadtväter im 15. und 16. Jahrhundert. Sie machten aus der Prostitution eine Staatsangelegenheit. Im öffentlichen Finanzhaushalt von 1428 tauchte erstmals ein Ausgabenpunkt für acht „Meretrizenbuden" auf. Mit dem schwer aussprechbaren Wortungetüm ist nichts anderes als ein Bordell gemeint. Die Investition lohnte sich schon wenig später. Aus dem Ausgabe- wurde ein Einnahmeposten. Zur Freude des Senates entwickelten sich die Freudenhäuser prächtig und sorgten fortan für einen ständigen Geldfluss in den Stadtsäckel. Für die Zeit von 1450 bis 1531 sind regelmäßige Einnahmen belegt. Die Dirnen waren damit quasi Angestellte der Stadt – betreut von einem öffentlich bestellten „Frauenmeister". Das war zunächst ein Ratsmitglied. Später, so vermutet es ein Historiker, wurde der Job auch zum „Ruheposten" für den städtischen Henker. Ein Monopol besaßen die „öffentlich-rechtlichen" Bordelle übrigens nicht. Private Konkurrenz bestand weiterhin, hatte allerdings ein Problem. Da sie keine Steuern zahlte und nur toleriert wurde, war ihre rechtliche Stellung prekär. Sie musste zahlreiche Razzien und Schikanen über sich ergehen lassen. Auch die städtischen Freudenmädchen litten unter Vorurteilen und Beschränkungen. Viele Handwerkergilden verboten ihren Mitgliedern, eine ehemalige Prostituierte zu heiraten. Selbst wenn sie den Job schon längst aufgegeben hatte. Herauszufinden, ob eine Frau einst käufliche Liebe anbot, war einfach. Jede ehemalige Dirne musste bis an ihr Lebensende „Berufskleidung" tragen: eine ganz bestimmte Haube.

3 **Im Juni 1732 wurde die Prostitution in Hamburg verboten.**

Ein Mandat des Rates regelte ab diesem Zeitpunkt erstmals die „Bestrafung der Huren und derjenigen, welche ihre Leichtfertigkeit sich mit teilhaftig gemacht haben". Äußerer Anlass für das Ende der früheren Laxheit war die zunehmende Ausbreitung von Seuchen wie der Syphilis. Freudenmädchen, die zum ersten Mal erwischt oder geständig waren, kamen „auf 8 oder 14 Tage bei Wasser und Brot in die Roggenkiste". Bei der Roggenkiste handelt es sich nicht um Holzboxen Hamburger Bäcker, sondern um einen mittelalterlichen Gefängnisturm in der Nähe des Meßbergs. Wer anschließend sein „voriges liederliches Leben dennoch ungescheut" fortsetzte, musste mit weiteren Wochen Haft rechnen, sich zudem im Anschluss einer neu ausgedachten Prozedur stellen. Auf dem Pferdemarkt wurde nur zu diesem Zweck ein Schandpfahl errichtet. An ihm wurden die Frauen angekettet, „mit unverdecktem Gesichte und mit auf die Brust gehefteten mit Vor- und Zunamen deutlich bezeichneten Brette". Eine Stunde waren sie Schimpf und Schande ausgesetzt, bevor sie auf zehn Jahre aus der Stadt verbannt wurden. Dieselbe Strafe traf Zuhälter und Zuhälterinnen. Für den Fall einer verfrühten Rückkehr drohte der Vollzug einer öffentlichen Prügelstrafe, die Einweisung ins berüchtigte Spinnhaus, einem Frauengefängnis, und die endgültige Ausweisung. Das Gesetz wies gleichzeitig alle Gerichtsbediensteten der Stadt an, die einschlägigen Orte im Auge zu haben. Konkret benannt wurden der Ratskeller und der Jungfernstieg.

4 Hamburgs Stadtväter pflegten lange einen schlechten Umgang.

Noch vor 100 Jahren wurden die Prostituierten der Hansestadt stark diskriminiert. Ein Reglement der Sittenpolizei verhängte 1909 zahlreiche Verbote und Gängeleien. So mussten sich Frauen, die für ihren Lebensunterhalt anschaffen gingen, regelmäßigen amtsärztlichen Untersuchungen unterwerfen. Dazu hatten sie „nüchtern, in reinlichen Kleidern und mit reingewaschenem Körper zu erscheinen“. Zwischen 23 Uhr und 6 Uhr galt für sie ein striktes Ausgangsverbot. Zu keinem Zeitpunkt durften sie zwanzig namentlich festgelegte Straßen, Plätze und Orte betreten. Dazu zählten beispielsweise der Rathausmarkt, die Mönckebergstraße und der Jungfernstieg. Selbst die Reeperbahn war tabu. Das menschenverachtende Gesetz ging noch weiter. Es schloss sämtliche Prostituierte von Museums- und Zoobesuchen aus. Das Betreten des Thalia-Theaters und des Deutschen Schauspielhauses war ihnen ebenso untersagt wie das Fahren in offenen Wagen und die Benutzung von Schwimmbassins in Hamburger Badeanstalten. Auf Verstöße standen bis zu sechs Wochen Gefängnis und anschließende zweijährige Unterbringung in einem Arbeitslager.

5 Dürfen, Nicht-Dürfen und tatsächlich Machen sind drei Paar Schuhe.

Um keine andere Hamburger Straße ranken sich so viele Geschichten und Gerüchte wie um die 60 Meter lange Herbertstraße auf St. Pauli. Das liegt vor allem daran, dass der Blick in die Gasse seit 1933 durch Barrikaden versperrt ist. Unter den Nationalsozialisten war Prostitution verpönt. Zur Legendenbildung tragen auch die Verbotsschilder bei, die in den 1970er Jahren aufgestellt wurden. Demnach sei der „Zutritt für Jugendliche unter 18 und Frauen verboten“. Was kaum jemand weiß: Dafür gibt es gar keine rechtliche Grundlage. Die Straße ist ein öffentlicher Weg und kann von allen benutzt werden. Zumindest theoretisch. Praktisch braucht es eine Menge Mut, um als Frau mit einem Bürgerlichen Gesetzbuch unterm Arm durch die Straße zu gehen.

Weltrekorde

In vielen Dingen ist Hamburg Deutschlands Nummer eins. Auch weltweit ist die Hansestadt oft Spitze. Selbstverständlich lassen sich Hansestädter nicht lumpen, wenn es darum geht, seltsame Rekorde aufzustellen.

1 Dicke Hamburger Muffins sind nichts für die schlanke Linie.

Dafür jedoch etwas für das Guinnessbuch der Rekorde. Im Februar 2010 fertigte der Hamburger Bäckermeister Gerhard Hinz in seinem Betrieb den dicksten Muffin der Welt. Für das 88,7 Kilogramm schwere Krümelmonster mixte er unter anderem 19 Kilogramm Butter und 50 Kilogramm Mehl zusammen. Hinzu kamen dann noch 5 Kilogramm Marshmellows. Das gab dem leicht übergewichtigen Moppel am Ende seinen durchaus gewöhnungsbedürftigen Geschmack. Viele Hamburger hielt es dennoch nicht davon ab, sich am einen knappen halben Meter hohen Muffin zu vergreifen. In die Innenstadt geschleppt und in viele kleine Stückchen zerhackt, wurde das XXXXXL-Gebäck für einen guten Zweck verkauft. Innerhalb kurzer Zeit war – außer einigen verdächtig gewölbten Bäuchen – nichts mehr zu sehen.

2 Muhamed Kahrimanovic ist Hamburgs Weltrekord-Rekordler.

Gleich drei offizielle Guinnessbuch-Rekorde gehen auf sein Konto. Kahrimanovic, der unter dem Künstlernamen „Hammerhand“ auftritt, ist ein Meister im Kaputtschlagen. In jeweils einer Minute zerbrach er 55 Baseballschläger, 111 Kokosnüsse und zerquetschte 69 Alubüchsen. Auch auf das Zerstören anderer Dinge hat er sich spezialisiert. So beweist er mit Leichtigkeit die ewige Wahrheit, die in der Schlagerschnulze „Marmor, Stein und Eisen bricht“ liegt. Egal ob Marmorplatten, Steine oder Eisenstangen – es gibt nichts, das seiner knallharten Hand bisher widerstehen konnte. Kein Wunder also, dass der Hamburger ein begehrter Gast in diversen Fernsehshows ist. Das zeigen seine bisher sieben Auftritte in der ZDF-Sendung „Wetten, dass ..?“.

3 Der Hamburger Thomas Teige geht mit seinem Kopf nicht durch die Wand.

Ein dickköpfiges Kind zu haben, ist für Eltern meist eine herausfordernde Sache. Vielleicht hilft da ja die Aussicht, dass der Nachwuchs mit seinem starrköpfigen Schädel berühmt werden könnte. Thomas Teige hat es jedenfalls geschafft. Er ist amtierender Weltmeister im „Zerstören von Toilettendeckeln mit dem Kopf“. Im Juni 2010 knallte er seinen Schädel im ZDF-Fernsehgarten 50-mal gegen hölzerne Klodeckel und machte sie so kaputt. Für die Aktion brauchte Teige nur 60 Sekunden. Der von der Mopo als „Klodeckel-Terminator“ titulierte Kopfsportler besitzt weitere harte Körperteile, mit denen er Dinge zerstören kann. Mit seinem Ellbogen zertrümmert er beispielsweise 24 aufeinander gestapelte Porenbetonplatten und seine (relativ) bruchfeste Hand knackte 15 Granitplatten auf einmal. Was seine Eltern wohl dazu sagen ...

4

Immer schön vorsichtig sein, wenn sich etwas zusammenschwabbelt.

Das größte Wasserbett der Welt lud im Jahr 2001 in Hamburg zu einem Nickerchen ein. Das Bett war rund 47 Quadratmeter groß und mit 7.000 Litern Wasser gefüllt. So richtig guten Schlaf fand niemand, da es ein ständiges Auf und Ab gab.

5

Das Hamburger Versandhaus „bonprix" druckte den größten Katalog der Welt.

Die Bezeichnung „Dickes Ding" trifft auf den Monsterkatalog von 2003 auf jeden Fall zu: Im für Handtaschen untauglichen Format von 1,20 mal 1,50 Meter wog er schlappe 50 Kilogramm und war ein Einzelstück. Kein Wunder: Entsprechende Briefkästen sind selten.

6

Manchmal geht es im Norden schneller zur Sache als gedacht.

Dass die angeblich kühlen und steifen Nordlichter gar nicht sooooooo lange brauchen, um untereinander in Kontakt zu treten, beweist ein Weltrekord, den Hamburger Singles aufstellten. 2008 trafen sich 252 von ihnen, um im Schnelldurchlauf nach einem Partner beziehunsgweise einer Partnerin zu suchen. Alle 45 Sekunden wechselten sie den jeweiligen Flirtwilligen. Der Weltrekord klappte, allerdings war schon im Vorfeld klar, dass die Partnersuche für einige Damen komplett aussichtslos sein würde. Das lag nicht etwa an ihrem Aussehen oder begrenzten Smalltalk-Talenten, sondern schlicht an der erbarmungslosen einfachen Mathematik. Bei einem Verhältnis von 132 Frauen zu 120 Männern konnte es nahezu zwangsläufig nicht zur Erfüllung aller Wünsche kommen, zumal nur Mann-Frau-Konstellation angestrebt wurden.

7 Hamburger Kicker sind richtig groß – auch im kleinen Maßstab.

Kurz bevor die Fußball-Europameisterschaft im Juni 2012 begann, zeigten zehn Hamburger, wie man ordentlich kickt – beziehungsweise kickert. Gemeinsam stellten sie einen Weltrekord im Dauerspielen auf. In fünf Zweierteams aufgeteilt, zockten sie parallel an separaten Tischen. Pro gespielter Stunde durften sie eine Pause von fünf Minuten einlegen. Gegen Ende der vereinbarten Dauer waren einige Teilnehmer kurz davor umzukippen. Doch es reichte für einen neuen Weltrekord im Dauerkicken. 24 Stunden und 1 Minute hielten die Hamburger Jungs durch. Die Bilanz: insgesamt 10.917 Tore, ein ziemlich hohes Schlafdefizit und eine Menge Blasen an den Händen.

8 Mit Modelleisenbahnen haben die Hamburger es ganz groß.

Die größte Modelleisenbahnplatte der Welt steht in der Hansestadt. Mit Papas kleiner Privatanlage im Keller hat sie nichts gemein: Im „Miniaturwunderland" in der Speicherstadt können Besucher eine 1.300 Quadratmeter große Platte bestaunen. Auf 13 Kilometern Schienen verkehren 930 Züge mit zusammen 14.450 Waggons. Wenn die Anlage im Jahr 2020 fertig ist, werden insgesamt 20 Millionen Euro auf einer im Vergleich zu heute doppelt so großen Fläche investiert sein. Ein weiterer Weltrekord ist hingegen schon Geschichte. 2008 zog der längste Modelleisenbahnzug des Planeten im Volksparkstadion seine Runden. Er kam auf 272 Meter. Hochgerechnet auf die große Eisenbahn entsprach das 23,6 Kilometern. Sicherheitsfanatikern sei gesagt: So ein Zug dürfte natürlich gar nicht fahren – die erlaubte Länge beträgt nur 700 Meter.

„Heimatkunde – Alles über Hamburg“ basiert auf der
gleichnamigen TV-Reihe im NDR Magazin „Hamburg Journal“.

Die Fernsehreihe ist eine Produktion von Hypolux Film
im Auftrag des NDR-Landesfunkhauses Hamburg.
Idee, Buch, Regie, Sprecher: Heiko Kreft; Grafiken: Luis F. Masallera, David Leutert
Jens-Uwe Grau; Animationen: Robert Wiesner; Schnitt: Peggy Andes;
Musik: Hagen Schulz-Zachow; Redaktion (NDR): Sabine Rossbach, Andreas Feld

www.hamburg-journal.de
www.hypolux.de – www.robokid.tv

Lizensiert durch Studio Hamburg Distribution & Marketing GmbH

Die verwendeten statistischen Daten entsprechen
dem aktuellen Stand bei Redaktionsschluss im August 2012.

Die Deutsche Bibliothek verzeichnet diese Publikation in der Deutschen
Nationalbibliographie; detaillierte bibliographische Daten sind im Internet über:
http://dnb.dbb.de abrufbar.

www.hinstorff.de

1. Auflage 2012

Herstellung
Hinstorff Verlag GmbH

Text
Heiko Kreft

Illustrationen
Luis F. Masallera

Lektorat
Thomas Gallien

Druck & Bindung
Neumann & Nürnberger, Leipzig
Printed in Germany

ISBN 978-3-356-01458-7